谭玲娣 主编

遇见布艺 鑫动生花

南京市鑫园小学劳动教育的特色实践

东南大学出版社
SOUTHEAST UNIVERSITY PRESS

南京

图书在版编目（CIP）数据

遇见布艺，"鑫动"生花：南京市鑫园小学劳动教育的特色实践 / 谭玲娣主编． — 南京：东南大学出版社，2024.4
ISBN 978-7-5766-0993-6

Ⅰ.①遇… Ⅱ.①谭… Ⅲ.①劳动课-教学研究-小学Ⅳ.① G623.92

中国国家版本馆CIP数据核字（2023）第223865号

责任编辑：贺玮玮　　封面设计：张莹彦　　责任校对：子雪莲　　责任印制：周荣虎

书　　名：遇见布艺，"鑫动"生花——南京市鑫园小学劳动教育的特色实践
Yujian Buyi, "Xin Dong" Sheng Hua——Nanjing Shi Xinyuan Xiaoxue Laodong Jiaoyu De Tese Shijian

主　　编：谭玲娣
出版发行：东南大学出版社
出 版 人：白云飞
社　　址：南京四牌楼2号　邮编：210096
网　　址：http://www.seupress.com
经　　销：全国各地新华书店
印　　刷：苏州市越洋印刷有限公司
开　　本：787mm×1092mm　1/16
印　　张：17.5
字　　数：230千
版　　次：2024年4月第1版
印　　次：2024年4月第1次印刷
书　　号：ISBN 978-7-5766-0993-6
定　　价：90.00元

本社图书若有印装质量问题，请直接与营销部调换。电话（传真）：025-83791830

编 委

主 编：谭玲娣
编 委：陈 雁　毛秋月　邹万麟
　　　　王 舒　陈雯婷　吴 莉
　　　　陈 璐　秦 艳

序

在 2020 年召开的全国教育大会上，习近平总书记强调："要在学生中弘扬劳动精神，教育引导学生崇尚劳动、尊重劳动，懂得劳动最光荣、劳动最崇高、劳动最伟大、劳动最美丽的道理，长大后能够辛勤劳动、诚实劳动、创造性劳动。"这一重要论述，突出了劳动教育对于新时代立德树人的重要意义，是我们开展劳动教育工作的重要遵循。2022 年 3 月，教育部颁布了《义务教育课程方案和课程标准》，在这次修订中，特别将劳动课程及所占课时从综合实践活动课程中独立出来。劳动教育具有树德、增智、强体、育美的综合育人价值，贯穿于并作用于其他四育，是学生成长成才的必修课和基础课。鑫园小学扎实有效地落实劳动课程标准，创新开设以传统布艺为核心的"鑫动"劳动教育特色课程，以劳动教育为主要抓手，知行合一，让劳动赋能学生成长，以五育融合形成教育张力，托起中国梦，培养"乐学善思、崇德尚美、实践锤炼、进取拓展"的"鑫星少年"。

以"劳动赋能"为特色，学校在劳动内容创设上进行项目化学习载体创新、劳动形式创新，将生产劳动、生活劳动、服务性劳动相结合，通过转变教学方式，加强对学生劳动意识的培养，加强对学生知识和能力的培养，加强对学生劳动价值观的培养，促进学生获得认知学习与社会性成长，以劳动创造美好生活。"鑫动"劳动教育特色课程包含"民间布艺""葫芦研学""智慧种植"等劳动技能课程和劳动实践活动，让学生在实践中学习和掌握各种劳动技能，培养他们的动手能力和创新能力，以劳动的力量为美好的未来作出贡献。其中，"民间布艺"课程作为劳动特色课程中的亮点，受到了广大师生的喜爱与追捧，"民间布艺"课程也成为鑫园小学一张靓丽的名片。

在《义务教育劳动课程标准（2022年版）》中，构建了以任务群为基本单元的内容结构，共设置了十个任务群，其中，生产劳动包括农业生产劳动、传统工艺制作、工业生产劳动、新技术体验与应用四个任务群。布艺、印染等都是传统工艺制作项目中的主要内容。

民间传统工艺是一幅绚丽多彩的画卷，润泽着世界文化的园林。手工布艺是我国传统的文化产业。民族的，才是世界的。传承、吸纳、利用民间传统工艺，将符合小学生身心特点和发展可能性的民间传统文化资源融入课程，作为特色课程来开发，既能传播和弘扬民族文化，又能彰显办学特色。民间布艺作为优秀的传统文化，蕴含着丰富的民族智慧和温暖的故事情节。它不仅是一种艺术表现形式，更是一种历史的沉淀和生活的写照。通过学习民间布艺，学生们能够感受到祖辈留下的智慧结晶，领略到传统文化的包容力与生命力。

"鑫动"布艺课程是基于鑫园小学开展劳动教育的一套整体解决方案。该课程以中国传统布艺文化为基石，为学生打造了一片丰富多彩的劳动学习天地。学生通过学习传统的印染、扎染工艺，创新式地结合现代工艺开创出独特的布艺文创作品，他们用色彩的交织、图案的组合，传达着对传统文化的理解，同时也在不断地开拓与创新，充分展示个体的创造力和表达方式，为传统文化的传承与发展注入新的活力和希望。

一、践行五育融合，丰富劳动教育课程

课程是落实劳动教育的重要载体。目前义务教育劳动课程中涉及布艺的课程内容较为零散，学习过程仅包含手绘设计、手工制作等方面，缺少学科整合和科学探究，缺乏对劳动教育综合性、开放性特点的体现。基于课程整合的视角，

我校力求建立一套上下有序、内外衔接、面体结合的跨界融合的劳动教育课程体系，以提升劳动教育的实效性。

"鑫动"布艺课程是传承中国传统民间布艺艺术的一种形式。布艺是我国传统的民间艺术，具有悠久的历史和艺术传承的魅力。民间布艺用其独特的技艺和表现手法，抒发着人们热爱生活和快乐生活的情怀，使作品充满灵动气息与感染力。通过课程学习，学生对民间布艺有全新的认识和理解，感受我国艺术的莫大精神。

课程活动从我国传统的布艺文化入手，深入探究布艺的印染、扎染等传统技艺，通过项目式学习的方式，让学生在实验设计、实践操作中体验布艺之美，逐步树立对我国传统布艺的文化自信，即德育与劳育的结合；以中华传统的扎染、蓝印花布体验为基础，创设真实情境，鼓励学生深入思考影响印染效果的因素，提升学生的科学素养，即智育在劳育中的具体体现；带领学生走进自然，走进生活，走进蓝与白的朴素世界，在蓝印花布、扎染实践中寻找美，让学生在创造美的过程中愉悦身心，在创作布艺文创作品的过程中进行创意设计与制作，即美育在劳育中的具体体现。

"鑫动"布艺课程体现了学校的课程理念，而培养具有自信、聪慧、活泼、阳光的"鑫星少年"是我校"鑫动"教育的课程理念。"鑫动"布艺课程的开设能使学生了解布艺艺术丰富的内涵和变化技巧，培养学生的艺术感知力和动手动脑能力，使学生体验布艺艺术的生活趣味和实用价值，更好地体现自我情感和创新思维，明白艺术来源于生活又服务于生活，激发学生热爱生活热爱艺术的情怀。同时，学生通过探究体验与创新实践，以研究者、设计者和推广者等多重身份发现问题，并综合运用跨学科知识和技能解决实际问题，培养创造性和跨学科解决问题的综合能力，从而提升核心素养。

"双减"政策之下，鑫园小学积极建构以"学校劳动、家庭劳动、社会劳动"三位一体相互融合的新劳动教育课程体系，以传统布艺为切入口，创设多维立体的真实劳动场景，建设劳动课程体系，实现学生劳动知识和劳动意识的双丰收。

二、体验非遗技艺，传承传统文化

传统布艺是我国古老的民间文化，它来源于生活，运用于生活，以低调的素雅创造出了鲜明而和谐之美。现代，随着科技进步带来机械印染工业的高速发展，手工印花布正在逐渐没落。那么应如何让民间瑰宝充分绽放异彩而继承优秀传统文化正是艺术教育的使命之一，也是艺术教育发展的需要。基于以上考虑，我们开始进行传统布艺课程的开发与实践研究，让学生在课程中了解人类文化的丰富性，在广泛的文化情境中认识非遗技艺，了解美术表现的多样性以及对社会生活的独特贡献，并逐步形成热爱祖国优秀传统文化和尊重世界文化多样性的价值观。

"鑫动"布艺课程让学生亲自参与植物染色剂制作、扎染等步骤，深入了解非遗技艺布艺印染的文化价值与历史意义，亲身体验植物染料、布艺扎染等创作过程。同时通过对纺织、印染等历史的学习，使学生了解更多中国传统文化，用实际行动增强师生的民族文化自信，做传统文化的接班人和传承人，用实际行动培养孩子们拥有"中国心、民族魂、世界眼、国际范"！

形态各异的"虎年福到"、栩栩如生的十二生肖、诗情画意的花鸟挂饰、造型别致的各色鞋靴……一幅幅带有时代变迁印记的刺绣作品，让鑫小师生在美的盛宴中感受到民俗文化的传承不易。

三、参与劳动实践，培养劳动价值观

"鑫动"布艺课程实的践性较强，注重理论与实践的结合。教学过程中引导学生主动探究、实际操作，培养学生的探究精神和动手动脑能力，使学生们在学习之后充分认识劳动对于社会发展与进步的重要意义，培养正确的劳动价值观。

培养劳动观念。通过传统民间布艺工艺的体验与实践，了解工艺特色，懂得传统手工艺品制作的用心与艰辛，从而树立正确的劳动观念。

树立劳动思维。在传统民间布艺工艺的体验过程中，通过学习坊抱团学习，自主探究。创造性地制作布艺作品，培养学生积极的劳动思维和创造力。

锻炼劳动能力。通过传统民间布艺的印染、扎染实践，增强团队合作意识，提升发现问题并探讨解决的综合实践能力，学会使用简单的制作工具，培养学生的劳动能力。

培养劳动习惯和品质。能够认真负责、精益求精、坚持不懈地参与传统民间布艺的制作和智创劳动，珍惜劳动的果实，养成良好的劳动习惯和品质。

在我们的"鑫动"课堂上，教师以参与者、引导者的身份与学生进行探索交流，变知识的单向传授为师生互动学习，提倡学生自主探索、合作交流，使他们主动获取知识，掌握扎染的技能和方法，真正培养学生的学习兴趣。在整个活动中，孩子们学得轻松，玩得愉快，并创作了一幅又一幅生动的布艺作品，课堂成为孩子们的乐园。

在未来，学校将以培养学生的核心素养为目标，不断创新"鑫动"劳动教育特色课程内容和教学方法。我们期待"鑫动"课程能为学生打开更广阔的想象空间，培养他们的创新精神和实践能力。通过劳动教育的熏陶，"鑫星少年"将在"生命的园子"里充分绽放光彩，展现卓越的劳动素养，激发无尽的创造力。他们将以布艺创作为媒介，娓娓道来心中的梦想与希望，将美好的理念融入实践之中，点亮未来的道路！

谭玲娜

目录 CONTENTS

第一章 "鑫动"课程的理论探源，聚焦学生核心素养
第一节 "鑫动"课程的教育理念……………………………………2
第二节 "鑫动"课程的教育内涵……………………………………11
第三节 "鑫动"课程的发展历程……………………………………17

第二章 "鑫动"+行动，开启劳动教育新样态
第一节 劳动+课程，让劳动有体系……………………………………22
第二节 劳动+实践，让劳动有体验……………………………………35
第三节 劳动+文化，让劳动有氛围……………………………………48

第三章 "鑫动"课程的开发实施，构建五育并举新模式
第一节 课程开发背景……………………………………58
第二节 课程性质与目标……………………………………65
第三节 课程内容……………………………………74
第四节 课程实施与评价……………………………………77

第四章 "鑫动"课程的拓展实践，匠心独运展风采
第一节 学科浸润……………………………………90
第二节 主题拓展……………………………………108
第三节 项目综合……………………………………127

第五章 "鑫动"布艺的课程故事，寻民族文化之根

  第一节 起步的故事——布艺教学的萌芽 ………………… 140

  第二节 发展的需要——展现非遗的传承力量 ……………… 162

  第三节 专家的引领——"鑫动"布艺系列课程的建构 ……… 174

  第四节 收获的喜悦——"鑫动"课程的积极影响 …………… 187

第六章 "布"一般的传承，"鑫动"之花创意无限

  第一节 传统印染实践课例 ……………………………………… 200

  第二节 扎染艺术实践课例 ……………………………………… 213

  第三节 布艺文创实践课例 ……………………………………… 224

第七章 "鑫动"课程的未来展望：让每一颗"鑫星"都闪亮

  第一节 从"鑫动"课程看劳动教育的融合教学 ……………… 240

  第二节 "鑫动"之路：学校发展的核心动力 ………………… 248

  第三节 "鑫动"课程的未来发展与展望 ……………………… 255

第一章
"鑫动"课程的理论探源，聚焦学生核心素养

这里，是秦淮河畔芬芳四溢的"桃李之林"；这里，有乐于动手动脑、欣然生长的"鑫星少年"；这里，是南京市鑫园小学。

从 2003 年建校以来，鑫园小学从校情、学情出发，通过不断的实践与探索，形成以德为先、以智为本、以体为经、以美为核、以劳为重的思路，建设"欣然成长"的校园文化，实现五育融合的教育体系。近年来，学校在集成历史发展的基础上创新发展思路，秉承"走进儿童世界，支持儿童成长，办文学的园子、艺术的园子、生活的园子、科学的园子、游戏的园子"的办学理念，提出"鑫动"教育之哲学，以培养"做人有品德、做事有品质、生活有品位"的"三品"学生为育人目标，着力塑造"鑫动"教育品牌。今天，"鑫动"教育的气质正在彰显，学校以培养学生的核心素养为导向，将课堂、课程、校园、文化无缝衔接，把学校建设成为让学生欣然成长、教师幸福工作、家长信任的生命之园。

第一节 "鑫动"课程的教育理念

一、课程哲学

在培养"健康向上、活力阳光"的"鑫星少年"的育人目标下，南京市鑫园小学（以下简称"鑫小"）有着自身独特的学校课程哲学。"鑫"取自校名，意为新意、悦心、进取，赋予了课堂的学校标识度；"动"凸显生命的灵动，唤醒个体的心灵与自由，让学生欣然生长，成为脑子活、有灵气、会动手的"鑫星"少年。"鑫动"蕴含了学校教师团队对教育的美好愿景：学校通过全新教与学模式的构建，让学生在一种"心"动、开"心"的状态下完成学生个体的主动发展，形成其核心素养。在着眼于人的全面发展的基础上，关注个性的发展，注重创新意识、创新能力的激发以及动手能力的培养，让学生在不断进步中更新自我、充实自我，最终为生命成长打下七彩的人生底色。"鑫小"致力于构建与儿童成长匹配一致的课程体系——"鑫动"课程，以育为核心，以学生发展为本，以学习方式改变为突破口，让儿童在学习中、在实践中体验丰富多彩的活动，享受童年的乐趣，留给儿童一段温暖美好的记忆。"鑫动"课程是源自学校校情、学生学情、教师资源，基于学生主动发展的内核，打造"学生本位"课程文化的新校本课程。"鑫动"课程，就是要让孩子们心动，继而亲其师、信其道，真正让每一个"鑫星"都闪亮。本课程让学生通过参与学习活动实现自我的主体生成，在真实情境中进行问题探究，在学习过程中开发潜能。它是"双减"政策背景下的"新"课程、"新"行动。"鑫动"课程的初衷，是当孩子们走进园子的时候，让每一颗童心都快乐飞扬，每一双眼睛都闪闪发光；智慧在这里成长，生命在这里绽放。在这里，孩子们会拥有一个幸福而难忘的童年。

"鑫动"是学校秉承的教育哲学和文化，是学校统领课程、课堂的灵魂。在"鑫小"，每一个班级都能绽放精彩，每一个学生都能快乐成长，每一位教师都能成就斐然。在"鑫动"文化的引领下，"鑫小"的课程设计贴近学生的学习需求，聚焦学生的核心素养发展，追求学生品格的形成、学识的提升、体格的强健、审美能力的提高、劳动习惯的培养，以成就每个孩子的未来，让他们能够站得更高、走得更远。

其一，创设"鑫动"发展的教育环境，通过提升校园管理水平、促进教学水平提高、科学合理设置课程等方式，构建家校社三位一体的教育机制，让"鑫小"学子在进步之路上不断向目标前行。

其二，在教育过程中，以育人目标为导向，从德、智、体、美、劳等方面塑造心灵、智慧、行为、习惯全面发展的适应未来社会发展需要的人才。

二、课程理念

在信息时代"双减"背景下，教育教学经历了一次次变革，内含先进教育理念的课程、教学范式如雨后春笋般涌现，而以"学习本身""学生本位"为大方向的是主流。在这样的主流映射下，"鑫小"的"鑫动"课程内涵有以下三个方面：学生在学习活动中实现自己的主体生成，在真实情境中进行问题探究，在学习过程中开发潜能。"鑫动"课程将以师为主的"教"转向以生为本的"学"，将学生素养的形成、能力的提升落到课程教学的实处。

"鑫动"课程的核心理念是为了每一个儿童快乐地发展，让每一个儿童都能根据自己的特点选择感兴趣的课程，参与应有的课程决策，让每一个儿童的个性得到充分的发展。其具体的内涵有："鑫动"课程是学生快乐成长的历程。童年是人生中一段重要的生命历程，童年的生活也应当是快乐的。"鑫动"课程的理念就是构建属于孩子们的精神乐园,是快乐的教育,要让童年的生活多姿多彩,要飞扬童心。学校遵循儿童的身心特点,尊重儿童的个性需求,设计丰富多彩的校本课程,打造孩子们乐于学习的课程,让孩子们找到自己最感兴趣的内容,快乐学习,获得积极、愉悦的情感体验,让课程成为孩子童年成长中的一段有趣且难忘的历程。

"鑫动"课程是学生萌生智慧的源泉。课程不仅要让学生感兴趣,愿意参与,激发内在的学习动力,点燃学习热情,还要提供丰富多彩的学习环境,设计具有自主性、探究性、互动性、创新性的课程实践活动。好的课程能够激发学生的学习兴趣和探究精神,引导他们主动思考和探索,从而启发他们的智慧和创造力。"鑫动"课程旨在让儿童能够在课程实践中动手、动口、动脑,发动多种感官齐参与,合作交流,探究学习,挖掘儿童智慧的源泉。

"鑫动"课程是学生展现自我的舞台。好的课程可以让孩子更加自信和自主地去表达自己,展示自己的才华和创造力。学校要为孩子的成长提供自我展现的舞台,要让孩子能够激发自己的潜力,展现出自己最为精彩的一面。"鑫动"课程,就是孩子们充分展示自我的舞台,这里有融合了扎染、棒旗、音律的文化艺术体操,探究生命奇迹的葫芦研学活动,多姿多彩的传统布艺课程等,校园的每一个角落都能成为孩子们展示自我的舞台,每一个孩子都能在校园里找到精彩的"自己"。

"鑫动"课程是学生张扬个性的窗口。"鑫小"尊重生命的自然状态,尊重儿童生命的自主、自由和独特,在课程中将世界各个方面展现在孩子们面前,吸引孩子们去触摸、去感受、去体验,从种植绞股蓝、板蓝根等植物,到将植物变成染料,再用染料印成花布,做成文创作品,用真诚和勤勉浇灌每一朵娇嫩的生命之花。我们相信儿童的潜力无限,每个孩子都能在这里找到自己所擅长的内容，萌发出责任意识、观察能力、探索能力、动手能力、语言表达能力、团队协作能力……在"鑫动"课程里，人人都会创造。这一段独特的体验让学生能够充分张扬个性，健全独立的人格。

"鑫动"课程是学生绽放生命的旅程。教育的目的应当是向人传送生命的气息，教育之"育"应该从尊重生命开始。生命是多元的，有个性差异的，课程是生命绽放的沃土，是生命与生命平等对话的基石。课程尊重多元的生命，激励生命的潜能。学校借助"鑫动"课程的人文魅力、语言交流、思维智趣、科学探索、艺术审美、运动健康，将其融入校园建设的方方面面，让"鑫小"师生手动、脑动、心动、情动，从而创造出属于"鑫小"师生的动手、动脑、动心、动情的别样成长旅程。

三、课程内涵

"鑫小"秉持"走进儿童世界，支持儿童成长，办文学的园子、艺术的园子、生活的园子、科学的园子、游戏的园子"的办学理念，构建了集基础课程、拓展课程和特色课程于一体的"鑫动"课程。"鑫动"课程打破学科的固有界限，利用地方资源和学校优势，遵循多元智力理论；课程内容丰富多元，覆盖面广，要加强各个学科之间、课程内容和个人学习需求之间、课程内容和校外经验之间的广泛联系。"鑫动"课程的基本目标是：

1. 走进儿童世界，支持儿童成长。让每颗"鑫星"都闪亮，各美其美，美美与共。

2. 加快教师专业化发展，提高教师课堂教学水平，打造高质量的教师队伍。

3. 优化教学，提升学校办学美誉度。

"鑫动"课程作为一种支持儿童成长的新课程，可以帮助孩子们更好地发展自己的潜力和个性，实现自我价值。在"鑫动"课程中，教师通过多元化的教学方式和内容，让孩子们充分地参与到学习中来，让他们更好地体验到成长和收获的乐趣。

首先,"鑫动"课程注重多元化的教学方式。"鑫小"在教学中采用多种教学方法和手段,如游戏、探究、实践等,让孩子们在学习中更加主动和自主。通过多元化的教学方式,可以更好地发掘孩子们的潜力和个性,让他们更好地发展自己的兴趣和特长。

其次,"鑫动"课程注重多元化的教学内容。教师在教学中注重学科融合和跨学科的教学,让孩子们在学习中能够更加全面地认识和了解世界。同时,"鑫动"课程注重培养孩子们的实践能力和创造力,让他们在学习中能够通过实践和探究,更好地理解和掌握所学知识和技能。

最后,"鑫动"课程注重孩子们的全面发展。课程不仅注重学术能力的培养,更注重孩子们的品德、情感、社交等方面的发展。希望通过"鑫动"课程的教育,让孩子们能够成为具有创新精神和社会责任感的人,为未来的社会做出更大的贡献。"鑫动"课程的总体设计原则遵循"课程活动化,活动课程化"的基础原则,其总体思路见图1-1。

"鑫动"课程将国家课程、特色课程、拓展课程进行有效整合和梳理,将不同学科的知识和技能融合在一起,让孩子们能够更加全面地了解和认识世界。同时,课程注重培养孩子们的实践能力和创造力,让他们在学习中能够通过实践和探究更好地理解和掌握所学知识和技能。

"鑫动"课程包括以下内容:

■ 基础课程主要培养学生可持续发展所需的必备品格和关键能力。基础课程为后续的拓展课程、特色课程服务,譬如数学培养学生熟练的计算能力、空间想象能力和逻辑思维能力,锻炼学生的思维能力;语文培养学生的书写能力、阅读能力、语言表达能力和思维能力等。这些基础课程均为必修课,旨在激励、引导学生夯实基础，养成良好的习惯，形成正确的价值观和世界观。

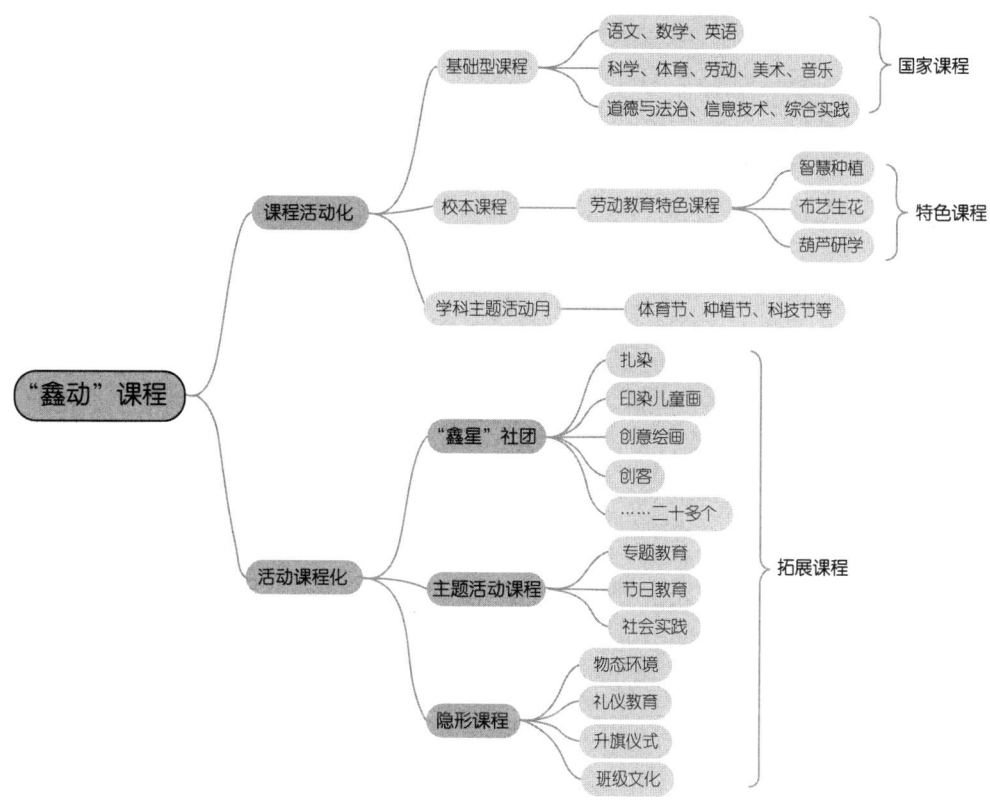

图1-1 "鑫动"课程框架图

■ 拓展课程分为"鑫星"社团活动课程、主题活动课程和隐形课程三类，主要是为了满足学生的个性化学习需求。

围绕"面向全体、彰显个性、培养兴趣、开发潜能"的宗旨，学校开设了"鑫星"社团活动课程。为了让孩子们尽可能充分体验到形式多样的社团活动，学校共开设了棒垒球、足球、篮球、象棋、少儿体适能、民间体育、射箭、跆拳道、游泳、滑板、啦啦操、跳高、合唱、竖笛、古筝、电子琴、舞蹈、扎染、印染儿童画、创意绘画、书法、声音教室、无人机、编程、创客、机器人、汉字体验等二十多个社团项目，借助社会合力关注学生身心健康，促进学生核心素养的提升。"鑫星"社团活动课程真实再现了手动、身动、脑动、心动、情动，让"鑫星少年"全面发展。

主题活动课程在学生的日常学习中扮演着非常重要的角色，不仅可以为学生提供更加多元化的学习体验，还能够培养学生的综合素养。其中，节日教育、社会实践、专题教育等是主题活动课程的重要组成部分。节日教育主题活动可以让学生更好地了解和体验不同的文化习俗，增强民族自豪感和文化自信心。在这样的活动中，学生们可以了解到不同节日的由来、庆祝方式、习俗等，同时还可以通过参加各种活动和比赛，锻炼身体、增强团队合作意识。社会实践活动可以让学生更好地了解社会，增强社会责任感。在这样的活动中，学生们可以参观企业、社区、博物馆等，了解不同领域的知识和技能，同时还可以通过社会公益活动等，为社会做出自己的贡献，增强社会责任感和公民意识。专题活动是针对某一特定领域或主题进行的活动，可以帮助学生更加深入地了解和掌握相关知识和技能。例如，科技主题活动可以让学生了解科技的最新发展和应用，增强科技意识和创新精神。环保主题活动可以让学生了解环保知识和技能，增强环保意识和责任感。艺术主题活动可以让学生了解艺术知识和技能，增强审美能力和创造力。通过专题活动，学生可以深入了解不同领域的知识和技能，同时还可以提高解决问题的能力和培养团队合作精神。这样的活动能够培养学生的综合素养，让他们成为具有创新思维、团队合作能力、解决问题的能力和社会责任感的人。

"鑫动"课程体系中的隐形课程是指那些不在正式课程中出现，但在校园生活起着至关重要作用的课程。这些课程包括校园物态环境、礼仪教育、升旗仪式、班级文化等，它们共同构成了学校文化的重要组成部分。首先，校园物态环境是学校文化的重要体现之一。一个良好的校园物态环境可以为学生创造一个安全、舒适、整洁的学习空间，有利于学生的学习和成长。其次，礼仪教育也是学校文化的重要内容之一。通过礼仪教育，学生可以学习到基本的社交礼仪和人际交往技巧，提高自己的社交能力和形象。同时，礼仪教育还可以培养学生的文化素养和审美情趣，让学生在日常生活中表现出更加优雅、文明的行为举止。最后，升旗仪式和班级文化也是"鑫动"课程中重要组成部分。通过升旗仪式，学生可以体验到爱国主义的情感和民族自豪感，同时也可以培养纪律意识和提高集体荣誉感。班级文化则可以让学生形成一种团结、互助、进取的集体氛围，激发学生的自我潜能和创造力。

■ 特色课程是学校教育中的重要组成部分，它主要致力于开发和培养学生的潜力和特长，以帮助学生更好地发展自己的个性和实现自我价值。这些课程按照综合性质分为学科、项目、竞赛、活动等不同类型，旨在满足不同层次学生的需求。无论学生是对艺术、体育、科技还是其他领域感兴趣，学校都设立了相应的课程，以适应不同的学生需求。

选择特色课程可以帮助学生更好地发现自己的兴趣和潜力，从而更加全面地发展自己。通过特色课程的学习，学生可以获得更多的知识和技能，提高自己的综合素质，同时也可以更好地锻炼自己的创造力和实践能力。这些能力对于学生的未来发展和职业选择都具有重要意义。

从某种意义上讲，选择特色课程也是学生个性发展和分流的关键。学校通过设立不同类型的特色课程，可以让学生在自己感兴趣的领域进行更深入的学习，从而更好地发挥自己的特长和潜力。同时，特色课程也可以帮助学校更好地实现分流，让学生在不同领域得到更加个性化和差异化的教育，以更好地满足学生的需求。

随着社会的发展，人们对劳动教育越来越重视，尤其是在儿童成长的过程中，劳动教育的重要性更是不言而喻。学校秉承"鑫动"课程的实践性强、多元化的特点，进一步开发了一些满足儿童成长需要的校本课程，其中劳动教育特色课程是我校的重点课程之一。在劳动教育特色课程中，"鑫小"积极挖掘校内外各种教育资源，特别是学校周边丰富的社区资源，以丰富多彩的活动内容和形式，满足学生的多样化需求。其中，民间布艺课程作为劳动教育特色课程中的亮点，受到了广大师生的热烈欢迎。

民间布艺是一种传统的手工艺，具有悠久的历史和深厚的文化底蕴，包括印染、扎染等多种技艺。作为一门校本课程，它不仅可以帮助学生了解传统文化，还可以培养学生的动手能力和创造力。培养自信、聪慧、活泼、阳光的"鑫星少年"是学校"鑫动"教育的课程理念，"鑫动"布艺课程的开设能使学生了解布艺艺术丰富的内涵和变化技巧，培养学生的艺术感知力和动手动脑能力，使学生能体验布艺艺术的生活趣味和实用价值，更好地培养自我情感和创新思维，明白艺术来源于生活又服务于生活，激发学生热爱生活、热爱艺术的情怀。

此外，在"鑫动"布艺课程中，学生可以通过手工制作不同的布艺作品，培养自己的劳动技能和劳动素养。在制作过程中，学生需要仔细地观察和分析，确定每个步骤的具体操作方法，并且根据自己的经验和技巧进行精细的手工制作。这种手工制作过程不仅能够提高学生的动手能力，还能让学生了解到劳动的重要性，并且从中感受到劳动的乐趣。

第二节 "鑫动"课程的教育内涵

"鑫动"课程是一种新型教育模式，它的课程设置理念能够帮助学生充分发展自己的潜力，使他们具备更全面的素质和技能，习得更强的解决问题和应变的能力。这是现代社会对新一代人才的要求。

"鑫动"课程的教育内涵是非常丰富的，它包括从课程设计到教育方式的创新，从素质培养到自我探索的重视，从主体地位的确立到自我管理的提升。这些都是有益于提高儿童未来发展能力和素质的方面。因此，有必要深入探讨和阐述这个课程的内涵，让更多的人对现代教育持续改进的方向、目标和理念有更加清晰的认识。"鑫动"课程的教育内涵体现了多样化的教育形态和方法。"鑫动"课程根据儿童自身特点以及不同的学习需求和资源，开展形式多样的课程设置和活动安排。比如，课程注重小组合作，鼓励孩子们创造性地解决问题，跨界融合体验，尝试不同的学科融合和项目设计。同时，课程从儿童的需求和兴趣出发，将教育过程贴近孩子们的认知特点和学习规律，帮助他们从自身内部找到兴趣和动力，实现兴趣与学习的良性循环，从而开创全新的教育方式和内容。这符合现代社会改革发展的诉求。

一、以儿童为中心，坚持全面发展

课程本身就是价值选择的结果，也是学校文化的最直接体现，"鑫动"课程也概莫能外。由此可知，课程的价值基础脱胎于历久弥新的校园文化，而校园文化的集中凝练体现在校训上。经过 20 年办学之路的不断求索、教育教学思想的不断追溯，"鑫小"的校训是欣然生长。学校希望通过育人环境的建设、"鑫动"课程的打造，舒张"鑫星学子"的生命活力，支持"鑫星学子"的全面发展，达成其最美的生命样态。而其中的"坚持人的全面发展"即为内涵核心。因此，"鑫动"课程的价值基础确定为：坚持人的全面发展。这样的立场符合我国教育方针，反映出新时代人才培养的根本要求。其中，劳动教育课程的构建也必须坚持以"人的全面发展"为价值基础，在实践中丰富劳动课程的内涵与形式，将劳动教育植入德、智、体、美、劳五育之中，实现五育在新课程中的有机融合。

"鑫动"课程的设计理念着重于将儿童置于课程的中心地位，以儿童为主角，并从他们的需求和兴趣出发，使课程真正贴近儿童。"鑫动"课程注重培养儿童的核心素养，鼓励他们进行内心的自我探索和发现，让他们学会自我实现和自我管理，并构建自我评价体系。这些核心素养包括情感、思维、体魄、美育、劳育等方方面面。

为了满足儿童的个性化需求和兴趣爱好，教师团队根据儿童在不同成长阶段的心理特点和发展规律，设计了一系列贴合儿童的素质培养方案。教师提供形态多样的学习机会，让儿童能够在多元化的学习环境中发展自己的才能，并鼓励他们积极参与并表达自己的意见和见解。

"鑫动"课程的设计目标是培养出全面发展的儿童，使他们具备良好的情感素养、灵活的思维能力、健康的体魄、良好的艺术修养以及劳动技能等。这样的设计理念将帮助儿童在学习中找到乐趣，激发他们的学习兴趣，培养他们的探索精神，为他们的未来发展打下坚实的基础。

"鑫动"课程鼓励儿童内心的自我探索和发现，让他们从课程中得到真正的收获和成长。比如，学生通过亲身参与，学会自我实现、自我管理、构建自我评价体系，形成独立思考和自我评价的习惯，进而塑造更丰富、深刻的个人概念。

"鑫动"课程注重确立儿童的主体地位,尊重和关注他们的自我需求和个性。课程设计旨在帮助儿童发掘自身潜力,提升他们的自信心和协作精神。通过培养良好的道德品质和进取精神,塑造儿童的人格品质,使其具备自强不息的精神。

二、以立德树人为基石,培养积极向上的心态

有了价值基础,站稳了脚跟,才能仰望星空。"鑫动"课程始终围绕国家课程改革的主旋律进行。2014年3月,教育部颁布了《关于全面深化课程改革落实立德树人根本任务的意见》。这是教育部落实"立德树人"根本任务的一项重大举措。坚持"立德树人",构建德、智、体、美、劳全面育人的培养机制,坚持全员全过程全方位跨界育人,是学校教师团队在进行"鑫动"课程打造中所把握的时代脉搏。课程的终极目标是为国家培养优秀的社会主义接班人。

多年来,"鑫小"一直坚持"以德促智"的育人理念。学校通过以社会主义核心价值观为基石来培养"鑫星学子"的品德,同时通过融合国家课程和学校实际的"鑫动"课程来启发他们的智慧。20年的实践探索为课程实施提供了重要的形式,如实践性学习、社会服务和研学活动。这些活动在有意义的情境中锻炼学生的道德意志,促进将知识转化为实践能力,培养"知行合一"的学风。同时,"鑫动"课程注重培养学生的劳动素养,它将体力劳动与脑力劳动、传统劳动与数字劳动相结合,注重实践能力、反思精神、合作精神和创新精神的培养。课程通过亲身实践引导学生获得劳动知识与技能,让他们明白通过劳动创造幸福生活的道理;同时,在学生的成长过程中,他们能够主动参与劳动,运用自身的劳动知识与能力来促进社会发展。在课程环境、课程内容和课程文化的三重力量作用下,"鑫小"实现了课程"立德树人"的核心价值。

三、注重多元化学习,培育实践创新能力

首先,课程设置要注重多元化学习。这就意味着,课程设置不仅要注重传

统的课堂教学，还要引入更多的实践、探究和互动环节。比如，可以组织学生进行实验、观察、探究等活动，让他们在实践中感受知识的魅力。同时，学校还可以通过小组讨论、辩论等方式，让学生在互动中学习，培养他们的团队协作和交流能力。

其次，在教学内容上要注重创新。在"鑫动"课堂上，学校努力让学生接触到更多新颖的、有趣的、实用的知识和技能。比如，在劳动课堂中引入一些科技类的知识，如编程、3D打印等，让学生在学习中感受到科技的魅力。同时，还可以引入一些社会实践类的活动，如志愿者服务、社会调研等，让学生在实践中感受到社会的多样性和复杂性。

再次，注重培养学生的实践创新能力。课程为学生提供了更多的自主探究和实践的机会。比如，设计一些开放性的问题和任务，让学生自主思考和解决，培养他们的创新思维和创造力。同时，还可以鼓励学生参加各种创新竞赛，让他们在实践中得到更多的锻炼和提升的机会。

最后，注重评价机制的改革，改变传统的成绩评价方式，引入更多的素质评价和过程评价。比如，采用多元化的评价方式，如学生自我评价、同学互评、教师评价等，让学生在反思中不断提升自己的学习和实践能力。

总之，在"鑫动"课程中，学生可以在学习中发挥出更多的潜能，得到更全面和丰富的教育和锻炼。同时，学校也注重在学生身上培养勇于探索、创新精神、自我评价和主持领导能力等多方面的素养，帮助学生准备好应对未来不断变化的挑战和机遇。这些能力都是未来社会所需的，"鑫小"期望通过"鑫动"课程的实施和不断创新，开创出更加符合未来时代需求的教育教学模式。

四、推进综合素质评价，发展学生自我反思能力

在当今多元化和个性化教育的背景下，"鑫动"课程对学生的全面评价体系提出了新的要求。这一课程理念着眼于立德树人和全面发展，致力于通过综合素质评价促进学生自我认知和自我完善的循环进步过程。

综合素质评价作为一种全新的评价方式，对传统依靠分数和考试成绩来衡量学生学业的模式提出了挑战。在"鑫动"课程中，这种评价体系并非简单的成绩汇总，而是一个深入的反思和自我提升过程。它要求教育者们不仅关注学生在数学、语文、英语等传统学科上的表现，同时重视品德教育、身心健康、艺术修养、劳动实践、团队协作等方面的能力。

品德教育是"鑫动"课程的基石，评价系统强调培养学生的社会责任感、公民意识和道德规范学生被鼓励在日常生活中体现出积极的品德行为。在体育方面，对学生进行的评价着重于身体素质的提高、运动技能的掌握以及体育精神的培养。艺术修养的评价则督促学生欣赏美、创造美，培养审美情感和艺术表达能力。

劳动实践方面，学生被教导理解劳动的重要性，发展动手操作和实践解决问题的能力。团队协作的评价鼓励学生在集体活动中增强协作意识，提高交际和解决冲突的能力。这种全方位的评价体系不仅强调学业的重要性，而且重视非学业领域对于个人成长和终身学习的价值。

通过这种评价方式的实施，学生可以更全面地了解自己，认识到自己在不同领域的优势和不足。它引导学生设置实际可行的目标，并在老师们的辅导下，根据各项反馈调整学习策略。这种自主性的培养对学生来说至关重要，它有助于孩子形成自我驱动的学习模式，不断追求卓越。

五、深化课程整合，促进学科融会贯通

课程整合是指在各个学科之间寻找共性和内在联系，在保留学科独立性的前提下，将课程内容进行多维、多向的组织，促进跨学科教学和学生综合素质

的提升。在教育教学实践中,课程整合已经成为一种重要的需求和趋势,为提高学生的创新意识和实践能力提供了更多的可能性。

传统教育中,各学科之间存在着固有的分隔和界限,学生的思维和认知常常局限于单一的学科范畴。然而,只有打破学科的固有界限,才能够促进学生跨学科的思考和能力的培养。在"鑫动"课程中,学生可以通过在不同学科之间寻找关联性和共性,打破限制,从而实现学科整合。

课程整合是一种跨学科教学方法,可以通过多方位、多维度的组织方式,实现课程内容的质量提升和知识结构的优化;可以通过建立一些跨科互动的课程模块,引导学生在解决具体问题的同时,广泛运用各种学科的知识和技能,从而实现综合素质的提升和跨学科能力的培养。在课程整合的实践中,可采用多种创新教学方法和手段,如项目式学习、调查研究、实践探究等,鼓励学生在学习过程中主动运用经过整合的多学科知识和技能,从而形成具有创新性思维和实践的综合素质。

课程整合的最大意义之一就是培养学生的跨学科能力,帮助学生在广泛地、灵活地运用不同学科的知识和技能的基础上,实现跨界、多元化思考、分析和解决复杂问题的能力提升。"鑫动"课程通过这种跨学科能力的培养,不仅能够启发学生的创新潜能,还能够提高学生对全球化和多元化的认识和理解,更好地满足未来社会对人才的需求。

第三节 "鑫动"课程的发展历程

"鑫小"成立于 2003 年,至今已建校 20 年。在这 20 年里,"鑫小"一直从传统的单一学科教育走向综合素质教育,通过不断调整和完善课程体系,不断探索和创新教育教学方法,从而形成了清晰的"鑫动"课程发展历程。"鑫动"课程的发展可分为以下三个阶段:

第一阶段:2003—2009 年,课程理念形成阶段

"鑫小"成立之初,在传统的学科教育体系下,开设了全科课程,依照教育行政管理部门的要求,从小一到小六,每年的内容与学科的分布都是规定好的。这样的课程设置和教学计划,让学生面对的学习内容单一、考试压力大,没有太多的自主发展和个性成长的空间。

2008 年,"鑫小"开始逐渐跳出这一固有的教育模型,开始探索和尝试一些新的教育方法。在每周的课程安排中,增设了部分自主探索和自我发展的活动课程,如手工制作、传统文化阅读、篮球等,让学生能够在未受到限制和规范的情况下,积极参与自己喜欢的活动,提高自身综合素质。

第二阶段:2010—2018 年,课程环境打造、内容设定阶段

随着社会和家庭对于学生综合素质教育的需求越来越高,"鑫小"在 2010 年对课程设置和教学计划进行了全面调整和升级。在学科体系的基础上,增加了多元化的活动,鼓励学生参加各种类型的社团和校内活动,如扎染、文学社、竖笛、羽毛球、编程、机器人等,培养学生积极参与、勇于尝试的精神。2016 年,学校还申报了南京市"十三五"教育科学规划课题"'支持学习'的小学课堂教学规范研制与实施的研究",形成了《鑫园小学"支持学习"的课堂教学规范》以及在课堂教学中实施的策略、方法，着重于营造积极、互动、合作的学习氛围，鼓励学生主动参与学习。其中包括针对不同学习层次的学生制订个性化的学习计划，确保每个学生都能得到适当的支持和指导。同时，教师也被鼓励在课堂中采用多种教学方法，如小组合作学习、问题解决学习和项目制学习等，以激发和提高学生的学习兴趣和自主学习能力。

同时"鑫小"开始尝试家校合作，鼓励家长参与课程实施，共同推动学生的综合素质发展。在日常教学和活动中，"鑫小"坚持个性化教育，通过了解每位学生的特点和需求，针对性地制定学习方案和教学方案，让每位学生感觉到自己被尊重和认可，从而激发学习内驱力，实现自我成长。

第三阶段：2019年至今，课程文化逐渐养成阶段

在第三阶段，"鑫小"在继续推进教育教学创新的同时，也开始建立自己的课程体系，在梳理学校现有课程体系的基础上，提出了建立"鑫动"课程的创意。"鑫动"课程包含了基础课程、拓展课程和特色课程，是"鑫小"20年来教学理念的凝结。"鑫小"通过课题研究和项目申报探索"鑫动"课程的理念系统和学习样态，申报了江苏省教育科学"十四五"规划课题"支持小学生混合式学习的《学程手册》开发的校本研究"，充分发挥混合式学习的优势，提升学生学习力，更新教师教学理念，构建以学生为本位的课堂教学文化，并整合线上线下学习优势，提升学校教育教学效能。在此基础上，"鑫小"创新了"鑫动"课程实践样态，摸索出"鑫动"课程的基本流程和学习样式，优化了"鑫动"课程的评价方式。

在梳理课程体系的同时，"鑫小"也注重打造学校的特色课程。而劳动教育是综合素质教育的重要组成部分，也是"鑫小"一直注重的教育内容。"鑫小"

通过开设"布艺生花""葫芦研学""智慧种植"等劳动技能课程和劳动实践活动，让学生在实践中学习和掌握各种劳动技能，培养他们的动手能力和创新能力。同时，"鑫小"还注重教育学生勤劳踏实、勇于探索、积极进取的劳动精神，让学生在劳动中获得成就感和自信心，从而激发他们的学习内驱力和自我成长能力。

"布艺生花"课程的开设，旨在培养学生的创造性思维和动手能力。布艺以平时生活中的东西为原材料，让学生通过创意设计和手工制作，打造个性化的布艺产品。课程主要内容包括蓝印花布、印染和扎染等内容，以及与布艺相关的文创活动，涵盖了多个方面的知识。在课程实践中，学生逐渐学会思考、规划和实现自己的学习内容，从而形成自主学习的能力，提高了自身的创造性思维和实践能力。

"葫芦研学"课程则不仅让学生在实际的种植过程中了解植物生长的基本规律，更可以通过绘画、文创、开发葫芦的应用价值等多种方式探究葫芦的文化内涵，开拓学生在文化领域探索的视野。

"智慧种植"课程强调的则是通过植物实际的生长过程，让学生在实践中学会观察、分析和总结。在种植中，学生需要认真规划植物的种植和生长过程，从育苗、插秧、除草、喷洒到收割、采摘、分类等整个过程，都需要认真记录、分析和总结，从而不断提高自己在实践中的学习能力。

这些劳动教育特色课程，都是基于"鑫小"的教育理念，服务于学生的全面成长和发展需要，让学生体验到学校良好的培育环境，并培养学生自我管理、自我约束和自我进取的良好习惯。通过这些劳动课程的开设，学生不仅体会到了"知与行统一"的理念，也提升了自己的综合素质和创新能力。

劳动教育特色课程的开创是"鑫动"课程发展历程中的一大亮点，更助力学生实现全面发展。这些课程的开展，不仅彰显了"知行合一"的学风，而且培养了学生适应社会需求和自我发展需要的能力，更是"鑫小"教育创新的一个缩影。在"鑫小"，劳动课程不再是常规的教育科目，而是真正具有学习性、教育性和开发性的教育课程。

"鑫动"课程的发展历程体现了"鑫小"的教育创新精神和实践成果。从最初的全科课程，到自主探索和综合素质教育的探索，再到跨学科、项目化学习的深入实践和推广，在每一个阶段，"鑫小"都在不断提高自己的教学水平，因而获得越来越多的认可和信任。"鑫小"是全国棒垒球实验学校、全国啦啦操星级俱乐部、江苏省健康促进学校（银牌）、江苏省青少年航空科普教育基地、南京市中小学示范心理健康教育中心、南京市秦淮区非物质文化遗产教育特色校园……在未来，"鑫小"将不断优化和完善这些劳动教育特色课程，推进"鑫动"课程的品牌建设和应用，构建更加适合学生自主学习和发展的教育生态，实现学生和学校多方共赢的教育目标。

（内容提供者：邹万麟）

第二章
"鑫动"+行动,开启劳动教育新样态

"鑫动"+行动,开启了劳动教育的新样态。通过实践与行动,学生们在劳动中汲取智慧,在实践中培养品德。他们明白了劳动的重要性,懂得了劳动的价值,更加珍惜与享受劳动的过程。在劳动的舞台上,学生们不仅仅是执行者,更是参与者和创造者。他们潜心探索,学会从劳动中汲取智慧,激活内心的无限潜能。每一次动手的瞬间,他们在实践中培养品德,体验着劳动的能量,感知着自我成长的喜悦。

这样的劳动教育模式开启了学生的感官盛宴,更为他们开拓了广阔的人生视野。在亲手耕耘的土地上,他们领悟到艰辛背后的收获,懂得了劳动的辛苦和付出的价值。劳动教育温润了他们的心灵,充盈了他们的能量,塑造了他们逐梦勇者的人生态度。让我们一起跟随"鑫动"+行动的脚步,开启劳动教育的新篇章!

第一节 劳动+课程，让劳动有体系

劳动+课程，让劳动有体系，是一种全面发展教育的理念。通过将劳动纳入课程体系，将劳动教育融入学生的学习过程中，我们能够为他们提供更为丰富、有机的教育体验。当劳动和课程相结合，劳动不再是孤立的实践，而是与学科知识密不可分的。学生通过实践劳动，实际操作、运用所学知识，探索学科本质，培养实践创新能力。例如，通过在布艺课程中进行染料提炼的实验，学生不仅能够学习布艺的基本技巧，还可以深入了解植物染料的原理和应用。在这个实验中，学生将亲自体验植物染料的制作过程，从挑选合适的植物材料、研磨提炼染料，到布艺品的染色、固色，全程参与实践。

这种劳动+课程的体系让学生更加深入地理解劳动的意义和价值，这种体系不仅仅包括肢体的劳动，还包括思考、创造的劳动。通过劳动，学生懂得了努力付出与收获之间的关系，明白了劳动对于个人和社会发展的重要性。同时，劳动与课程的有机结合也为学生提供了更多的成长机会和培养了他们的综合素养。

一、"鑫动"劳动课程的开发价值

1. 践行五育融合，丰富劳动教育课程

"鑫动"劳动课程通过整合不同学科的知识，将语言、数学、科学、艺术等学科知识融入实际的劳动活动中。学生在实践中不仅学到了实际操作技能，还能将学科知识应用于实际问题的解决过程中。例如，在手工制作布艺的过程中，学生需要计算面料的尺寸和材料的用量，同时也要了解染料的化学性质和

固色原理。通过跨学科的整合和应用，学生能够更深入地理解学科之间的联系，提高学科知识的实际运用能力。

"鑫动"课程注重培养学生的综合素养，即德、智、体、美、劳五育的全面发展。通过劳动教育，不仅能培养学生的动手能力和实践操作技能，还能发展其创造力、团队合作精神和社交技巧。例如，在布艺课程中，学生可以通过自主设计和制作布艺作品，提升自身的创造力和审美能力；同时，学生还需要与同学合作完成任务，锻炼团队合作与沟通能力。通过综合素养的培养，学生可以在各个方面得到全面的发展。

"鑫动"课程强调实践操作和实际应用的重要性。学生在课程中有机会亲自参与实践操作，通过实际动手的方式学习和体验。这种实践操作不仅可以提高学生的技能水平，还能培养他们解决问题的能力和创新思维。同时，学生也能习得将所学知识应用于实际问题的能力，增强他们的实际应用能力。这样的实践操作和实际应用能够提高劳动教育的实效性，让学生获得更深入、更全面的学习体验。

2. 参与劳动实践，培养劳动价值观

"鑫动"课程的开发价值在于通过参与劳动实践，培养学生的劳动价值观。劳动价值观是指个体对劳动的认可和尊重，以及对劳动所产生的价值的理解和珍视。"鑫动"课程的开发，可以为学生提供参与劳动实践的机会，从而培养和强化他们的劳动价值观。

培养劳动观念："鑫动"课程通过实际的劳动实践和相关教育活动，促使学生形成正确的劳动观念。学生将了解到劳动是一种尊重和关心他人的表现，劳动成果对个人和社会有着重要的意义。他们会明白劳动不仅仅是为了自身利益，更包含着给予和奉献的精神，从而培养出珍惜劳动、尊重他人劳动、有意

义的劳动的观念。

培养劳动思维："鑫动"课程的开展通过多种学习和实践活动，培养学生的劳动思维。学生将逐渐形成以劳动为导向的思维方式，将问题和挑战转化为实际操作和解决方案。他们将学会通过劳动思维来分析、解决问题，并灵活运用相关的知识和技能。这种劳动思维的培养不仅有助于学生在劳动领域的发展，还能为他们今后的学习和工作打下基础。

锻炼劳动能力："鑫动"课程注重培养学生的劳动能力。通过参与各类劳动活动，学生能够锻炼动手、操作技巧，提高解决问题的能力等。无论是布艺制作、智慧种植还是其他实践活动，学生将通过实际操作来提高自己的劳动能力。这种锻炼有助于培养学生的实践动手能力，提高他们在劳动领域的技能水平。

培养劳动习惯和品质："鑫动"课程注重培养学生的劳动习惯和品质。通过参与劳动实践，学生将养成勤劳、认真、负责任的劳动习惯。他们将学会注重劳动过程中的细节和品质，对待劳动时保持耐心和专注。这种劳动习惯和品质的锤炼有助于培养学生的责任感、奉献精神和追求卓越的品质。

3. 激发创造力，培养创新思维

"鑫动"课程的开发价值还在于培养学生的创造力和创新思维。通过参与劳动实践，学生将面临各种问题和挑战，需要通过创造性思维来找到解决方案。劳动实践中的实际操作和创造性活动可以激发学生的想象力和创造力，在解决问题的过程中培养创新思维。这种创造力和创新思维的培养将对学生未来的学习、工作和社会参与产生积极的影响。它不仅能够帮助学生更好地适应社会的快速变化和创新需求，也能激发他们的潜能，使他们成为具有创新精神的有价值的创造者和领导者。

二、"鑫动"劳动课程的开发路径

劳动教育与社会的未来发展密切相关,"鑫动"劳动作为一种劳动教育新模式,通过以"劳动+课程"为核心理念,将劳动教育与课程建设相结合,以课程建设为阵地,笃行不怠地推进劳动教育,开展科学研究,完成辐射带动,进行展示交流;以课程建设为桥梁,汇聚个人、家庭、学校、社会四方力量,打造实践基地,使德、智、体、美、劳五育融合,形成劳动教育体系。

1. 课程结构与设置:以项目化劳动研学活动展开劳动教育课程

在"鑫动"行动中,劳动教育与课程建设紧密结合,通过项目化劳动研学活动展开劳动教育课程。这种方式将劳动教育纳入学校教育教学计划,每周至少进行1课时的劳动教育,以确保学生能够在实际操作中学习劳动的技能和价值。同时,针对不同年级的学生,学校因材施教,制定本校劳动教育清单。而且规定和要求明确,时间安排科学合理,为劳动教育的开展提供了明确的指导。

开展以葫芦为载体的劳动研学活动(简称"葫芦研学"),该研学活动围绕葫芦,在"了解葫芦""种植葫芦""观察葫芦""玩转葫芦"四个主题下,开展跨学科的综合性研究学习活动。

研学主题"了解葫芦"作业设计框架

1.葫芦是世界上最古老的作物之一,它的身上蕴藏着许多秘密。本学期,我们"鑫小"的宝贝们将一起走进葫芦的世界,去认识、了解、种植、玩转葫芦。希望大家能结合自己的实际情况,选择自己感兴趣的项目积极探索和研究,走进广阔的社会大课堂!

2.你搜集到哪些关于葫芦的知识?你了解了哪些葫芦的种类、来源呢?请把你的认识记录下来,比比看谁记得最多!

3.葫芦的种类有很多,形状也各不相同。你还见过什么形状的葫芦呢?选择一个你最感兴趣的去画一画或者将照片贴上去，了解一下和它有关的知识，再和小伙伴们一起分享吧！

4.了解了葫芦的种类后，你知道人们为什么这么喜爱它吗？它又隐藏着多少我们不知道的寓意呢？快去查阅相关资料，把你的了解记录下来吧！

5.除了大家都耳熟能详的葫芦娃的故事，你还知道哪些有关葫芦的故事吗？

研学主题"种植葫芦"作业设计框架

1.一粒种子能够发育成一株植物，并结出多个果实。前期我们了解了葫芦的相关知识，下面我们一起亲手种葫芦吧！

2.请给你的葫芦种子拍个照、留个影。

3.在你种葫芦的时候，下有挖土也有埋种等有趣的场面，请你用照片或者一段文字、一幅插图记录下这样欣喜的时刻吧！

研学主题"观察葫芦"作业设计框架

1.古语云：种瓜得瓜，种豆得豆。那么，你了解葫芦从最初的种子，到最后的收获，要经历哪几个必不可少的阶段吗？

2.非常可爱的小葫芦宝宝即将正式融入学校这个大家庭之中，为了让它能够健康快乐地成长，请你帮忙挑选一个吉祥如意的日子来帮它安家，并且解释为什么选择这一天。

3.拿起彩色画笔，细心地描绘出一幅你在充满活力的校园中为可爱的小葫芦精心挑选那个家的场景，那个你和小葫芦共同选择的美丽又舒适的家。

4.为了在种植葫芦的过程中获得满满的收获，我们需要为它创造一个合适的生长环境：一个恰当的季节、肥沃的土壤、适宜的温度以及精心的管理。说说你的想法。

研学主题"玩转葫芦"作业设计框架

1.轻器械操是基本体操项目,它是靠头部、四肢、躯干互相配合,做屈膝、摆振、旋转等动作。让我们一起锻炼身体,把我们的小葫芦"变"成一个个小哑铃吧!

2.你知道还有哪些玩转葫芦的方法吗?请详细说明或者拍照粘贴,我们来比一比谁的方法更多、更有趣。

3.你还见过哪些用葫芦做成的玩具吗?不倒翁、葫芦娃、葫芦瓢、葫芦挂件……

通过这一跨学科的综合性研究学习活动,学生将在实践中扩展知识领域、培养动手能力,并锻炼观察、思考和表达的能力。同时,通过团队合作和交流合作,学生也将培养协作精神和社交技能。这样的研学活动不仅丰富了学生的学习经历,也为他们在全面发展中提供了更广阔的机会。

2.项目化劳动研学活动拓展

在精心打造并且颇具影响力的"葫芦研学"基础之上,"鑫小"进一步拓展了一个全新的、以"XIN动农场"为载体的劳动研学活动。这项研学活动的核心理念是通过绿化校园的方式,培养和锻炼每一位队员的劳动能力,让他们在实践中成长,在行动中进步。在具体的实施过程中,教师鼓励学生在班级的自留地里亲手种下自己喜爱的各种植物,如黄瓜、西瓜、萝卜、菊花脑、绞股蓝、板蓝根等,让他们在付出辛勤劳动的同时,领略到生命力的勃发和绿色校园的魅力。

以"校园管理我能行"为主题的劳动研学活动,旨在锻炼学生对校园管理的实践能力,从而提升他们自主管理的能力,以及为校园服务的能力;另外,还有以"非遗民间布艺"为主题的劳动研学活动,设计精巧,让学生在进行扎染布艺、蓝印花布以及文创布艺等的创造性劳动中,得到传统文化的熏陶,从而加深他们对传统文化的认识。

3. 项目化劳动研学活动优势

在劳动教育过程中,教师要积极探索并深耕学科教学,致力于从根源处渗透对劳动教育的全面培育和深刻理解,并以严谨的科研精神形成一系列富有启发性的典型案例。项目化学习无疑是一种指向知识本质的最核心的学习方法和手段,它借助多元化的实践活动,引导学生在参与项目的过程中,不只是单纯地掌握学科知识,更重要的是通过亲身体验的过程,培育学生的劳动实践、劳动创新能力,并将这些能力融会贯通,以实现项目最大化的价值和效能。

项目化劳动研学活动的重要作用在于,全面有效地推进劳动教育的发展,实现"四位一体",即个人、家庭、学校、社会四个不同层面的劳动教育课程的有机整合与完善,使得劳动教育课程的内容丰富多样,形式灵活多变,从而极大地增强劳动教育课程的实践性和实效性。与此同时,学校还积极地建设了劳动教育校本实施项目(课程),从而保证劳动教育课程的长期稳定发展和持续有效实施。此外,"鑫小"还坚持长期开展各种有特色的劳动教育活动,并取得了很好的实际效果和社会反响。

三、课程实施与践行:以细致规范的内容架构激发劳动潜能

学校的劳动教育课程框架是基于生活的实践,经由教师、学生和家长的共同研究、创造和完善而形成的,具有较高的可行性。

"鑫动"课程的目标是通过制定具体的劳动课程框架,培养学生良好的劳动习惯和高品质的劳动素养。课程的宗旨是让学生在实践中深刻领悟"生活靠劳动创造,能力在劳动中提升"的道理。为达成这一目标,学校根据劳动教材的要求,统一教案格式,教师在教学时可以根据劳动课的特点灵活运用框架,

激发学生的学习兴趣。

在这个课程框架下,学生将通过从问题到探究、实践到研讨的学习过程,逐步提升自己的能力。教师将引导学生学习劳动知识和技能,并培养他们的创新意识和解决问题的能力。通过实际的劳动实践和研讨活动,学生将更好地理解和应用所学的知识,促进自身的全面发展。

教学案例2-1:智慧种植

一、教学目标

1.了解绿萝的生长习性,掌握绿萝种植、养护的基本方法。

2.熟练使用生态水培箱的各项功能,感受新技术在提高生产效率方面的重要作用。

3.在绿萝的种植过程中感受劳动的艰辛,懂得珍惜劳动成果。

4.绿萝的养护过程周期较长,学生能在此过程中养成持之以恒、专心致志的劳动品质。

二、重点难点

1.教学重点:掌握水培绿萝的方法,运用生态水培箱进行智慧种植。

2.教学难点:绿萝的养护。

三、教学准备

师:生态水培箱、安装好程序的电脑、营养液、相关教学设备。

生:绿萝枝条、种植工具。

四、教学过程

(一)导入新课

1.谈话。

大家都有种植的体验,在种植过程中会遇到些什么问题呢?有什么好的方

法可以使植物长得又快又好？（学生交流种植过程中遇到的问题）

2.揭示课题。

（1）可以使用生态水培箱，运用新技术实现智慧种植。（学生明确本课内容）

（2）揭题——智慧种植。（板书：智慧种植）

【设计意图】

学生已有一定的种植经验，但传统的种植方式会遇到一些问题，如：植物叶片发黄、烂根；生长速度比较慢等。引导学生寻找解决的方法，引出新技术在智慧种植方面的运用，鼓励学生尝试智慧种植。

（二）探究学习

1.认识智能生态水培箱。

提问：生态水培箱里有哪些部件？各部件有什么作用？（学生了解智能生态水培箱的部件及作用）

2.组织学生自学教材内容。

归纳智慧种植过程：剪枝、种植、养护。

【设计意图】

认识生态水培箱，了解其功能是智慧种植的基础。引导学生了解生态水培箱，学生可以通过各类传感器获取植物的生长信息和环境信息，以及时调整种植条件，促进植物生长。

3.剪枝。

指导学生探究剪枝要领：

出示实物和教学课件图片并说明"选取健康、粗壮枝条，剪成几段，每段留一叶一气根"。再请学生说出是如何剪枝的。

学生了解、观察、思考剪枝要领。

【设计意图】

健康的枝条是种植的基础,学生需掌握选枝、剪枝的方法。

4.探究种植过程。

配比营养液、放置幼苗、设置参数信息。(教师投影演示营养液配比)

放置幼苗,了解定植篮的作用。了解绿萝的生长习性。

演示设置水培箱温度、湿度等参数信息。

(1)讨论:绿萝养护包括哪些内容?

增氧、加湿、调节温度、光照、换水等。

(2)引导学生探究:如何判断植物是否缺氧?学生学习种植的过程。

(3)打开电脑终端,讲解"红光""蓝光""风机""加湿"等开关的操作及作用。

学生了解养护知识,学会使用电脑终端进行智能操作。

【设计意图】

让学生在探究中了解使用生态水培箱种植的操作方法,掌握种植、养护技能。绿萝养护过程充分体现出智慧种植的优势。让学生通过智能监测养护,感受新技术在种植过程中的重要作用。

(三)实践体验

1.任务布置:每组进行智慧种植实践。

2.学生明确任务,合理分工,动手实践。

3.学生组织展评,分享种植经验。

4.引导学生谈一谈智慧种植与传统种植的不同点。

【设计意图】

让学生在做中学,在学中做,既了解了绿萝的生长习性,又掌握了种植绿萝的技术，还了解了智慧种植的相关科学知识，培养应用技术为生活服务的能力。

（四）交流评议

1.展示、交流。

2.通过实践分享，巩固学生对智慧种植优势的理解。

（五）拓展创新

1.指导学生了解其他智慧种植的方式：土培。

认识生态土培箱（见图2-1）。

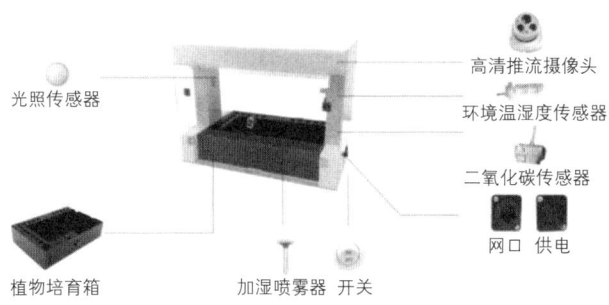

图2-1 生态土培箱

介绍温室大棚及种植基地，引导学生了解现代农业发展以及现代农业的发展趋势。

【设计意图】

本课学习了智慧水培技术，农业生产还有土培等方式。通过向学生介绍智慧土培，拓宽学生的知识面，使他们能将学习到的水培技能与土培相联系，做到学以致用。教师介绍了温室大棚并组织学生前往种植基地参观，帮助学生了解现代农业的发展趋势，感受科技发展创造美好生活。

四、课程师资与考核：着力打造全员育人的劳动教育体系

通过全员育人的劳动教育体系的构建，"鑫小"期望培养出具有社会责任感、创新精神、实践能力和团队合作精神的高素质劳动者。为了实现这一目标，

学校不断优化课程师资与考核,使他们努力为学生提供一个充满挑战和机遇的学习环境,以帮助他们在未来的学习中取得成功。

1. 课程师资是"鑫动"劳动教育的重要推动力

"鑫小"致力于选拔优秀的教师,这些教师在学术上有深厚的底蕴,具备丰富的教学经验和实践能力,善于运用现代教育技术手段和方法,将理论知识与实践经验相结合,为学生提供全面、个性化的指导。

所有的劳动课程由学校的专职劳动教师承担,这不仅保障了劳动课的课时,更保证了劳动课的质量。学校因地制宜制定本校劳动教育作业课程,积极建设劳动教育校本实施项目,包括葫芦研学、"XIN动农场"以及劳动教育的传统项目——民间布艺。

全体班主任都是劳动教育老师。他们开展丰富多彩的主题活动,如:见证种子的力量,开启研学之旅;"劳动淬炼成长,实践创造幸福——劳动节暨葫芦苗入园"主题活动;承办区级教学研讨活动"劳动那些事儿";等等。

学校聘请相关行业专业人员如吴元新、高瑞雷等担任劳动实践指导教师,协助学校开展劳动教育课程及实践活动;聘请本校其他学科教师(如科学教师、综合实践教师、美术教师等)和家长志愿者担任劳动教育兼职教师。他们开设劳动教育选修课程或开展相关社团活动,以满足劳动教育工作的需要。这样就形成全员(教师、家长、学生)、全学科(班主任+学科教师)、全方位(课堂、家庭、社会)育人的局面。

2. 课程考核确保学生对劳动教育内容的理解和掌握

学校重视过程考核,强调学生在学习过程中的积极参与,培养学生的自主学习能力和团队协作精神。

（1）劳动学科期末考核要求

对学生在课程中所学的知识和技能进行全面、综合的评估，学生要按照劳动教材和清单要求，提交劳动特色作业，以确保自己在课程结束时能够对劳动教育体系的核心内容有深入的理解和掌握。

（2）学生校内劳动实践课程的实施要求

校园根据 XIN 动农场的要求，按班级对操场各区域进行划分，为每个班级的自留地取一个好听的名字，例如"葫芦天地""鑫星园地""幸福时光"等。建立"区域负责制"，定期在班级种植园里栽种、浇水、施肥，等到收获时节，开展"收获节"活动，安排参观班级种植园。

（3）学生校内劳动实践课程的考核要求

学生校内劳动实践课程的效果由大队部牵头进行评价。大队部与教导处成立劳动实践考核小组，对"XIN 动农场"、班级种植园进行考核、评比，定期公布班级劳动成果。

校内劳动实践课程能够有效地提高学生的劳动意识以及动手能力。通过劳动实践课的教学，学生在工作责任心、团队协作等基本素养方面都有一定的提高。

（内容提供者：吴莉）

第二节 劳动+实践，让劳动有体验

"鑫动"课程致力于让学生通过劳动和实践来亲身体验劳动的价值和意义。课程以学生参与的方式展开，通过民间布艺、葫芦研学、智慧种植等多样化的劳动活动和实践项目，让学生实际参与，从中学习、感知和成长。

例如，学生通过布艺制作这个具体的劳动活动，亲自动手创作布艺作品，体验材料的转化和创造的乐趣。他们可以选择不同的布料、设计图案，运用印染、扎染等技巧，制作出独一无二的布艺作品。这样的活动能培养学生的创造力和艺术表达能力。

学生还可以参与葫芦研学的劳动实践，亲手种植葫芦，观察它们从种子到成长为葫芦的过程。学生将学习如何准备土壤、种植葫芦种子，并照顾植物的生长需求，培养对植物的关爱和耐心等美德。通过葫芦研学活动，学生既能了解葫芦的生态特点，也能体会劳动的辛勤和耐心。

通过这些多样化的劳动实践，学生能够培养实践能力和动手能力，学会解决问题和合作共享，同时也能够增强自身的主动性和责任感。他们能够在实践中学以致用，将学到的知识转化为实际能力，并逐渐形成积极向上的人生态度。这样的劳动与实践相结合的课程设计，让学生充分体验劳动的乐趣和价值，提升其综合素养和创新能力。

一、劳动+实践的创新价值

劳动+实践模式为学生提供了深度学习和体验式教育的机会。通过亲自动手实践和参与劳动活动，学生能够更深入地理解和掌握知识，将抽象的理论转化为具体的实践经验。这种体验式的学习方式能够激发和提高学生的学习兴趣和动力,提高学习的效果和质量。

1. 实践转化知识

通过劳动＋实践模式,学生能够亲身参与实践活动,将抽象的理论转化为具体的实践经验。这种方式能够帮助学生更加深入地理解、掌握知识,并将其应用于实际情境中。

当学生参与实践活动时,他们不仅仅是被动地接受知识,而是主动地与材料、工具或环境进行交互。例如,在"鑫动"布艺课程中,学生可以亲自动手制作布艺作品,学习不同的布料纹理、印染和扎染技巧,并将其应用于实际的布艺项目中。这种实践转化知识的方式使学生能够更加深入地理解和掌握知识,因为他们亲自经历了知识背后的过程和实际应用。通过实践,学生能够亲自体验到理论知识是如何转化为实践技能以及解决问题的策略。这种实践经验不仅有助于学生巩固和应用所学的知识,而且还能够培养他们的创造力、批判性思维和解决问题的能力。

实践转化知识的过程也鼓励学生思考和探索,提高他们对学习的主动性和参与度。通过实践,学生能够发展自己的思维能力,培养观察、分析和推理的技能。他们不仅能够更好地理解和掌握知识,还能够培养批判性思维和创新能力,以应对不断变化的现实挑战。

2. 学习兴趣与动力

劳动＋实践模式是一种通过体验式教育激发和增加学生学习兴趣和动力的方法。通过实际的动手操作和参与劳动活动,学生能够亲身体验到学习的乐趣和成果,从而增加对学习内容的感知与亲近感。这种体验式的学习方式有助于激发和提高学生的主动性和参与度,使他们积极投入到学习中去,进而提高学习的效果和质量。

在劳动+实践模式下，学生不再只是被动地接受知识，而是通过实际劳动和实践活动来主动地实践所学的知识和技能。例如，在"葫芦研学"课程中，学生可以进行实际的种植活动，观察植物的生长过程，记录数据，并通过实践中的结果来了解和应用有关植物生长和生态系统的科学原理。这样的实践经历可以帮助学生更好地理解植物的需求、生命周期和环境互动，并培养他们对自然生态的兴趣和保护意识。在艺术课上，学生可以通过实际的葫芦雕刻、绘画或摄影等活动，将抽象的创作理念转化为具体的艺术作品。他们可以选择各种不同大小、形状和颜色的葫芦，发挥自己的想象力和创造力，创作出独特而精美的艺术品。通过这样的实践过程，学生不仅能够培养创造力和审美能力，还能加深和提高对葫芦文化的理解能力和欣赏水平。这样的"葫芦研学"课程将学生引导到实践中，让他们亲自体验和参与其中。通过实际的种植和艺术创作活动，学生能够全身心地投入学习，提高和激发对葫芦研究的兴趣和热情。

这种体验式学习方式还可以将学生与实际问题相连接，例如在社会实践课程中，学生可以参与社区服务活动、模拟经营等，真实地面对和解决现实问题。通过这样的实践活动，学生能够深入了解社会和环境，培养其解决问题的能力和团队合作精神。

3. 培养实践能力和自信心

劳动+实践模式培养学生的实践能力和自信心。通过亲身参与劳动活动，学生能够不断实践并提升自己的技能。无论是在科学实验课上进行实验，还是在美术课上进行创作，他们通过实践活动积累经验，逐渐获得解决问题的自信心和能力。

在实践中，学生面对的是具体的任务和挑战。通过参与劳动活动，他们不断尝试、实践，遇到问题时会努力寻找解决办法，不断提高自己的技能。虽然会面临困难和挫折，但通过持续努力和反思，他们能够逐渐克服难题，提高自己的实践能力和自信心。这种实践能力和自信心的培养不仅有助于学生在学习中取得好成绩，也能够对他们个人的成长和未来的发展产生积极的影响。

实践能力对学生的学习和生活都非常重要。通过实际动手操作和实践经验的积累，学生能够更好地掌握各类知识和技能，解决实际问题。这对他们的学习有很大帮助，能够让他们更深入地理解学习内容，并提高学习的效果。

此外，自信心的培养有助于学生的个人成长。通过实际的劳动和实践经验，他们能够认识到自己的潜力和优势，并获得对自己能力的肯定。这种自信心的培养对他们的个人成长和发展非常重要，能够激发他们追求更高目标的勇气和动力。

二、劳动+实践的实施路径

1. 创设实践场景

在"鑫动"课程中，教师可以通过创设具体的实践场景，让学生在真实的情境中进行劳动和实践。这种实施路径可以激发学生的主动性，提高参与度，促进他们在实际操作中获得知识和技能的体验。

以布艺文创为例，教师可以提供各种不同的布料、工具和设计素材，创设丰富多样的实践场景。教师可以指导学生了解不同布料的特性、规划设计方案，并让学生自主选择和组合材料，进行裁剪、缝制和装饰工作。学生将在实践中亲身体验到布艺制作的整个过程，感受到手工艺术的乐趣和成就感。

在创设实践场景的过程中，教师可以起到引导和指导的作用，帮助学生理解实践活动的目的和意义，以及掌握相关的知识和技能。教师可以提供实践任务和项目，让学生在具体的情境中进行劳动和实践，并提供必要的支持和反馈。

这样的实践场景可以为学生提供实际的学习机会，培养他们的实际操作能力、创造力和解决问题的能力。

同时，创设实践场景还可以鼓励学生的合作与交流。在布艺制作课程中，学生可以组成小组合作，共同完成一个大项目或展览。他们可以分享想法、协作解决问题，相互激发创意，加强团队合作，提升沟通能力。

2. 提供反思机会

在"鑫动"课程中，反思是非常重要的环节，它可以帮助学生更好地理解和应用实践经验。教师可以在实践活动结束后，组织学生进行反思和总结，促使他们思考实践过程中的问题、挑战和成果。

反思的过程可以包括以下几个方面：

回顾实践过程：学生可以回顾整个实践过程，回忆和描述各个环节、步骤和细节。他们可以讨论实践中遇到的困难、挑战和解决方法，分享成功的经验和教训。教师可以引导学生回顾具体的实践情境，帮助他们更深入地理解实践活动的背景和目的。

分析问题和挑战：学生可以思考实践过程中遇到的问题和挑战，分析问题产生的原因和解决的方法。他们可以讨论问题对实践活动的影响，思考如何避免或应对类似问题。这种分析和讨论有助于提高学生解决问题的能力和适应新情境的能力。

总结成果和经验：学生可以总结实践活动的成果和经验，分享个人的收获和成就。他们可以对自己在实践中的表现进行自评，评价自己的能力和进步。同时，学生也可以分享团队合作中的互动和协作经验，探讨如何更好地发挥团队的优势和协作效能。

提出改进意见：学生可以提出改进实践活动的意见和建议，包括实施方式、资源利用、团队协作等方面。通过讨论和反思，学生的意见和建议可以被纳入下一次实践活动的改进和优化中，使整个劳动＋实践教学更加有效和有针对性。

通过反思和总结，学生能够从实践中汲取经验教训，提高实践能力和自我认知。他们能够更深入地理解劳动的价值和意义，看到自己在实践活动中的成长和进步。同时，反思也培养了学生的批判性思维和自主学习能力，使他们成为更有能力应对现实挑战的人。

3. 引导合作学习

在"鑫动"课程中，劳动＋实践强调学生的参与和协作，通过合作学习来实现共同的目标。教师可以鼓励学生在劳动中相互合作，共同解决问题和实现任务目标。这种合作学习的方式可以培养学生的团队合作能力、沟通交流能力，进一步提高劳动实践的效果。

合作学习有助于激发、提高学生的学习动力和参与度。当学生在劳动活动中合作时，他们面临不同的角色和任务，需要相互协调和配合。通过合作，学生能够共同分工、相互支持，在团队中发挥各自的优势和专长。这种合作过程培养了学生的团队合作意识和合作技能，让他们体验到合作的价值和优势。

在合作学习中，学生不仅仅是知识的接受者，更是知识的创造者和应用者。他们通过合作与交流，共同解决问题，分享和整合各自的想法和观点。这种互动和合作有助于学生理解和应用所学的知识，培养批判性思维和创新能力。同时，通过交流和合作，学生还能够从其他人的经验和观点中学习，拓宽自己的视野。

合作学习还可以提升学生的沟通和协商能力。在合作学习中，学生需要与他人进行有效的沟通和协商，共同制订计划和解决问题。他们学会倾听和表达，学会尊重他人的意见和观点，学会解决分歧和冲突。这种沟通和协商能力对学生未来的人际交往和职业发展都具有重要意义。

教学案例2-2：蓝印花之四季

一、教学目标

1.学生通过前置性任务单的布置，了解蓝印花布的定义和制作过程。

2.让学生感受普通绘画与蓝印花布画稿的不同，学会用断点、断线和断面的方法去绘制画稿。

3.学生通过刻制蓝印花布底板，感受传统文化的精髓和底蕴。

二、教学重难点

教学重点：感受普通绘画与蓝印花布画稿的不同，会画蓝印花布的花纹。

教学难点：会用断点、断线和断面的方法绘制蓝印花布上的花纹图案。

三、教学准备

师：范画、颜料、海绵棒、蓝色卡纸、白纸。

生：铅笔、橡皮、刻刀、垫板。

四、教学过程

（一）视频导入，揭晓本课主题

1.观看视频《四季》。

师：视频中我们看到了什么？ 对，是四季（板书）。四季之美如一首首优美的诗句：春游芳草地，夏赏绿荷池，秋饮黄花酒，冬吟白雪诗。今天就让我们带着四季走进蓝印花布（贴板书）的课堂。学习"蓝印花之四季"。

2.揭示课题。

【设计意图】

以视频导入的形式让学生观看视频《四季》，通过生动的图像和动态的音效来吸引学生的注意力，从而更好地引起、提高学生的兴趣和参与度。同时，通过视频中的音效能够营造出浓厚的学习氛围，让学生感受到蓝印花之四季的自然与和谐。接着，以互动形式揭晓本课主题，提出问题（什么是蓝印花布？），从而引导学生思考，让学生更加积极地参与到学习中来，提高学生的学习效果和增强体验感。

（二）走进课堂，感受印花之美

1.学生分享、展示课前学习前置性任务单

什么是蓝印花布？			
蓝印花布的制作过程是什么？			
请你画一画四季中具有典型性的事物。			
春	夏	秋	冬

师：在课前我们下发了一张本节课的学习前置任务单，下面请同学上台分享你们课前搜集的资料。

什么是蓝印花布？

蓝印花布的制作过程是什么？师：我们可以将学校里制作蓝印花布的方法简化为以下四步：画稿刻版、上浆揭版、阴干、印染刮浆（如图2-2、图2-3）。

图 2-2 蓝印花布制作过程（一）

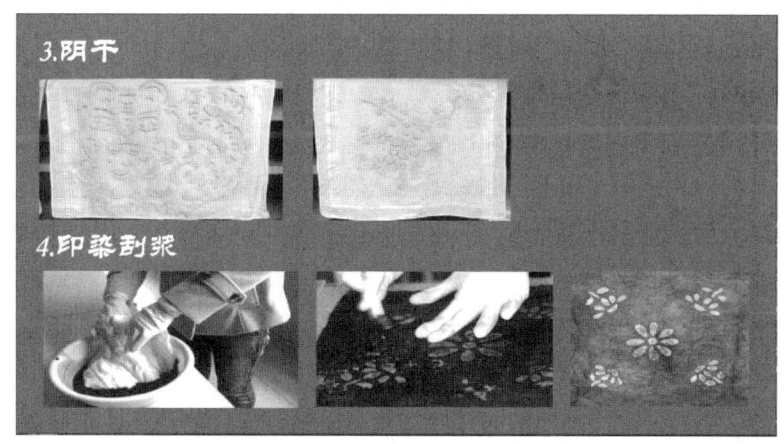

图 2-3 蓝印花布制作过程（二）

请你画一画四季中具有典型性的事物。

2.观看蓝印花布介绍视频

师：今天课堂上还来了一位神秘嘉宾——《山海经》中的神兽腓腓，它也想来介绍一下蓝印花布，让我们一起来听听它是怎么说的。

…………

师：通过学习前置性任务单和神兽腓腓的介绍，相信同学们对蓝印花布的知识和制作方法已经了解了。知道了要想制作一块蓝印花布需要许多步骤，但其中最重要的一步就是画稿刻版，今天这节课我们的主要内容就是画稿刻版。

【设计意图】

此环节的设计意图是提高学生的学习主动性和参与度，激发学生对蓝印花布的兴趣，从而更好地理解和掌握相关知识。首先，学生通过分享学习前置性任务单可以提前了解和预习蓝印花布的相关知识，为课堂上的学习打下基础。学生可以通过自主学习来获得相关知识，提高学习效果和学习成果。其次，观看蓝印花布视频可以让学生更加直观地了解蓝印花布的制作过程和印花效果，同时也可以让学生感受到蓝印花布的独特魅力，从而更好地激发学生对蓝印花布的兴趣和热情。最后，通过分享学习前置性任务单并观看蓝印花布视频还可以促进学生之间的交流和合作。学生可以在分享前置任务单的过程中相互讨论和学习，从而共同探讨蓝印花布的相关知识，提高学习效果和学习成果。

（三）深入实践，共同学以致用

1.画一画。

画稿（第一次作业）（写板书）。

师：接下来我们将分小组来描绘表现四个季节，请各小组派一名同学上来抽取你们小组的季节任务。抽取好后我们各小组分季节来描绘四季。

2.抽签后按抽签内容分组绘制底稿（师贴范画）。

画稿（第二次作业）。

师：在你们画稿的时候，老师在春天里选取了玉兰花进行绘制，大家看一下我的画稿和你们的有什么不同呢？

3.出示玉兰花画稿（如图2-4）。

图 2-4 玉兰花画稿

生：双线，断开的线。

师：没错，这就是蓝印花布画稿与我们平时画画时的区别所在，它需要将画面中的线条进行合理地断点、断线、断面（如图 2-5），下面请你们对刚才的线稿进行加工，变成适合刻制成蓝印花布的底版。

图 2-5 蓝印花布画稿方法

4. 刻一刻。

展示学生的画稿，稍作点评，指出不足（学生说）。

师：接下来我们就要进行刻制了，大家先来看看我是怎么刻的。

5. 老师示范刻版视频（提示用刀安全）。

6. 刻版稿图片（如图2-6）。

图 2-6 刻版稿

学生尝试刻版（老师在黑板上贴刻好的底版）。

7. 印一印。

师：马上我们就要到印的环节了，也就是上浆揭版、印染刮浆，但因为今天课堂的时间有限，所以我们没有办法展示蓝印花布的全过程，不过老师替你们想到了一个好办法，一起来看我是怎么做的吧。

老师示范（用海绵蘸白颜料在蓝色卡纸上印一印，得到你所刻制的花纹）。

师：看完后，你想到了什么？

生：……

师：是的，就像我们的印章和印刷术，只要我们刻好了底版，就可以把它们呈现在不同的地方，如生活用品、衣物、墙面、包包等上面。每一组桌上都有一个材料包和一块底版，下面就让我们一起来印一印，将我们的四季之美留在我们的生活当中吧！

学生印（提前准备好不同造型的底版）。

【案例思考】

通过实践蓝印花布的制作过程，可以让学生更加直观地了解蓝印花布的印染工艺和技巧，从而更好地理解蓝印花布的制作过程和原理。学生可以通过亲自动手制作蓝印花布感受印染过程中的变化和神奇，从而更深入地了解蓝印花布的制作过程和技巧。蓝印花布是中国传统的民间手工艺品，具有深厚的文化底蕴和艺术价值。通过实践蓝印花布的制作过程，还可以让学生深入了解蓝印花布的历史渊源、文化内涵和艺术价值，从而更好地领悟中国传统文化的魅力和价值。再有，带领学生深入实践，刻印蓝印花布还可以培养学生的动手能力和创造能力。蓝印花布的制作过程需要学生掌握一定的技巧和方法，同时也需要学生的耐心和毅力。通过不断的实践，可以锻炼学生的动手能力和创造能力，培养学生的实践能力和创新意识。

（案例提供者：陈璐）

第三节 劳动 + 文化，让劳动有氛围

劳动教育的文化建设是指通过校园实践活动、教育活动、小学劳动教育文化等校园文化形式，将各种文化要素融入劳动教育实践中。劳动文化涵盖了知识、艺术、风俗、信仰等一切人类能够获得的能力和习惯。小学劳动教育中的文化渗透则需要有目的、有组织地计划学生实施生活劳动、生产劳动和服务性劳动，引导学生在实践过程中磨炼意志、增强本领，培养学生良好的劳动习惯、劳动品质，帮助学生形成正确的劳动价值观。新课标中关于劳动教育的指导纲要进一步阐明了劳动教育的内涵和特征。劳动教育具有极强的育人功能，拥有突出的实践性、思想性、社会性，对促进学生全面发展有特殊意义。

在"鑫动"课程中，"鑫小"通过融入不同的文化元素，为劳动活动营造丰富的氛围，提高学生的兴趣和参与度。

一、传统文化的体验与传承

在劳动课程中，传统文化的体验与传承旨在让学生深入了解传统的劳动方式和价值观念，并将其应用到实际的劳动活动中。通过这样的实践，学生可以更好地感受传统文化的魅力，增强对传统文化的认同感和自豪感。

以布艺为例，学生可以学习传统的布艺技术，如印染和扎染。他们可以亲手制作出具有中国传统元素的布艺作品，如绣花团扇、蓝印花布等。在制作的过程中，学生不仅能够发挥自己的创意，还能够学习传统的刺绣和染色技艺，了解传统技术的精髓和价值。通过这样的体验，学生能够深入感受到传统文化中对细致、精湛和耐心的追求，培养他们的耐心和细心观察的能力。

同时，通过制作布艺作品，学生也能够感受到传统文化中对美的追求和对纹样、色彩搭配的独特理解。他们可以学习传统的纹样和色彩搭配原则，并将其运用到自己的作品中。这样的体验不仅能够培养学生对美的感知能力，还能够让他们在实践中体会到传统文化的独特魅力。

二、民俗文化的探索与发现

在劳动课程中，可以引导学生深入探索本地区的民俗文化，特别是农民的生活方式和习俗。通过了解和研究民俗文化，学生可以更好地理解农耕劳动的重要性，同时也能够体验到民间传统文化中蕴含的智慧和美好。

以葫芦为例，学生可以进行葫芦研学活动。通过活动可以了解葫芦的种植、采摘和加工过程，以及葫芦在生活中的多种用途，如制作成工具、乐器、装饰品等。学生可以亲手种植和采摘葫芦，同时学习如何进行葫芦的制作和雕刻。通过这样的研学活动，学生不仅能够获得实际的劳动体验，还能够深入了解葫芦在本地区的民俗文化中的重要地位和意义。

通过对民俗文化的探索与发现，学生可以更加全面地了解本地区的农耕劳动和农村生活，进一步强化对农耕文化的认识和理解。这样的教育方式不仅能够丰富学生对民俗文化的认识和体验，还能够培养他们的调查研究能力、团队合作能力和创新思维，使他们能够更好地传承和发扬本地区的民俗文化。

三、农耕文化的延续与创新

在劳动课程中，农耕文化的延续与创新是一个重要的主题。让学生通过参与农耕活动了解传统农耕技术和农耕文化，同时也鼓励他们进行创新和探索，使农耕文化得以延续和发展。

学校建立了"XIN动农场"，充分利用环境，给予学生贴近乡土劳动和环境的可能性。给每个班级划分责任田，由学生共同耕种蔬菜、花卉等，同时，学生在"XIN 动农场"种植染料植物，如板蓝根、绞股蓝等。通过种植过程，他们可以了解染料植物的生长特点、采摘时机和染色过程。通过亲手参与种植和采摘染料植物，学生能够体验到农耕劳动的辛苦，并且了解到染料植物在织造工艺中的重要性。同时，学生也可以通过对染料植物的研究，尝试创新染色技术、开发新的染色方法，使传统的染色文化得以延续和发展。

参与农耕文化的实践活动不仅能让学生体验到农耕劳动的乐趣和成就感，更重要的是培养了他们的创新思维和实践能力。通过延续和创新农耕文化，学生不仅可以深入了解农耕劳动的价值和意义，还能够将传统文化与现代科技相结合，创造出更多具有创新特色的农耕作品和产品。

通过参与农耕活动，学生可以亲身体验耕种、收割和加工等环节，感受到农耕劳动所带来的满足感和成就感。这样的实践过程不仅培养了学生的耐心、细心和专注力，同时也提升了他们的团队合作意识和解决问题的能力。通过与自然互动，他们能更好地理解自然规律和资源的可持续利用。

此外，延续和创新农耕文化还能促进学生的思维创新。学生不仅需要学习传统的农耕技术，还能够运用现代科技和工艺手段如利用无人机进行农田监测、应用智能设备改进农业生产方式等，提高生产效率和质量。他们还可以通过研究和探索，创造出更多有创新特色的农耕作品和产品，推动农耕文化的发展。

通过这样的实践活动，学生可以更深入地理解农耕劳动的价值和意义。他们能够体会到耕作的辛勤付出、与大自然的紧密联系以及食物和生活资源的重要性。同时，学生还能够从中学习到农耕文化的智慧和传统知识，进一步强化对传统文化的认同感和自豪感。

教学案例 2-3：板蓝根的种植

一、教学目标

1. 了解板蓝根的生长特点和养分需求。

2. 掌握板蓝根的种植技术和管理方法。

3. 培养学生对农耕文化的理解和尊重。

4. 激发学生的创新思维，探索板蓝根的新用途和市场价值。

5. 提高学生的劳动实践能力和科学观察、分析与解决问题的能力。

二、教学准备

板蓝根种子、肥料、土壤、种植箱等种植材料。

科学课件和图片，介绍板蓝根的生长过程和农耕文化的相关知识。

实验器材和工具，如浇水壶、土壤测试工具等。

三、教学过程

（一）导入

向学生介绍板蓝根的背景和农耕文化的重要性，引发学生对板蓝根种植的兴趣和探索欲望。

（二）知识讲解与实践

1. 讲解板蓝根的生长特点和养分需求，介绍种子的发芽过程、幼苗的生长时期和成熟期等。

2. 引导学生根据知识讲解，准备种植板蓝根的土壤和种植箱，将种子适当撒播，并进行浇水和管理。

3. 学生观察板蓝根的生长情况，记录板蓝根生长的变化和观察数据，如高度、叶片数等。

4. 教师和学生一起参与，进行板蓝根的管理工作，如浇水、施肥、除草等。

(三)探究与创新

1. 引导学生根据自己的观察和实践经验,讨论如何进一步优化种植板蓝根的条件和技术。

2. 鼓励学生提出新的想法和创新观点,如利用板蓝根提取染料。

3. 探究实验。

(1)实验名称:板蓝根染料提取实验。

(2)实验目的:通过提取板蓝根中的染料,让学生了解染料的来源和染色过程。

(3)所需要的材料:板蓝根(鲜板蓝根或者干燥的板蓝根片)、酒精(浓度为95%或以上)、塑料杯或试管、滤纸或吸水纸、吸管或滴管、水。

(4)实验步骤:

①将一小块板蓝根切碎或者研磨成粉末。

②将粉末放入塑料杯或试管中,加入足够的酒精,让粉末完全浸泡其中。

③用吸管或滴管将混合溶液搅拌均匀,确保板蓝根中的染料充分溶解在酒精中。

④用吸管或滴管将溶液从容器中抽取出来,滴在滤纸或吸水纸上。

⑤观察滤纸上的染料颜色变化,并留意染料的浓淡程度。

⑥可以尝试使用不同浓度的染料溶液进行染色实验,在白色布料或纸张上进行染色,比较不同浓度染料的效果。

⑦记录实验结果,并进行讨论。

(5)实验原理解释。

板蓝根所含的靛蓝是青紫色颜料的主要成分,使其成为制作靛蓝染料的最佳原料之一。当板蓝根与酒精混合溶解时,染料会溶解在酒精中,形成染料溶液。

通过将染料溶液滴在滤纸上，可以观察到染料的颜色变化并评估染料的浓度。

这个实验可以帮助学生通过实际操作了解染料的来源和染色过程，提高学生对科学的兴趣和探索欲望，并且能够结合农耕文化，让学生体会到农耕劳动的实际应用价值。

（四）总结与展示

学生展示自己的实验结果和创新成果，分享彼此的经验和发现。让学生总结板蓝根种植和农耕文化的重要性，以及延续和创新农耕文化的意义。

（五）教学延伸

1.使学生联系科学课程，深入了解板蓝根的作用和药理成分。

2.组织学生参观农田或药材种植基地，使他们进一步了解农耕文化和农业生产的现代化发展。

3.组织学生参加农耕文化艺术展览或农业科技创新大赛，展示他们的成果和创新能力。

（六）教学评价

1.观察学生在实践活动中的参与程度和专注度。

2.检查学生的实验记录和观察数据是否准确和有条理。

3.评价学生的创新思维和对农耕文化的理解和尊重程度。

4.结合学生的展示和交流，评价他们的探究和解决问题的能力。

【案例思考】

通过以上的教学案例，学生不仅能够探索和体验板蓝根的种植过程，而且能够深入了解农耕文化的延续与创新，培养观察、实验和创新能力，激发自身对科学和农耕文化的热情和兴趣。

这样的教学方式将理论知识与实践相结合，通过实际操作让学生亲身体验到农耕劳动的乐趣和成就感。学生在参与实践的活动中，能够感受到植物生长的变化和劳动所带来的快乐和满足感。通过观察、记录和分析实验数据，培养学生的科学思维和实验技能。

除了培养学生的科学能力，这样的教学方式还加深了学生对农耕文化的理解和尊重。学生通过亲身参与农耕活动，了解到农耕劳动的辛勤和重要性，进而加深了对农耕文化价值和意义的认识。同时，学生也有机会将传统农耕文化与现代科技相结合，提出创新的想法和解决方案，为农耕文化的发展注入新的活力。

四、科学文化的融合与实践

劳动课程不仅能够培养学生的劳动实践能力，还可以促使他们将科学知识与劳动实践相结合，进一步探索科学文化的融合与实践。通过科学实验和实践活动，学生可以深入理解科学原理，并将其应用于实际的劳动场景中。

以种植实验为例，学生可以通过种植不同种类的植物，了解植物生长的科学原理和养分需求。他们可以学习种子的发芽过程、根系的生长与吸收、光的作用等。通过观察和记录植物的生长情况，学生能够掌握科学观察和实验的方法，进一步分析植物生长的规律并解决可能出现的问题。这样的实践活动不仅让学生直观地了解植物生长的科学过程，还培养了他们的科学思维和实验操作能力。

在科学实验和实践中，学生不仅可以学习现有的科学知识，还可以进行探索和创新。他们可以设计自己的实验方案，尝试解决实际问题或验证自己的假设。通过这样的实践，培养了学生科学探究的精神和创造力，激发了其对科学文化的兴趣和热情。

通过劳动课程中科学文化的融合与实践，学生不仅能够更深入地理解科学原理，还能够将科学知识应用于解决实际问题。这不仅提高了学生对科学的理解和应用能力，还培养了他们的创新思维和问题解决能力。同时，学生也能够体验到科学实践的乐趣和成就感，进一步激发了他们对科学文化的兴趣和探究的热情。

第三章
"鑫动"课程的开发实施，构建五育并举新模式

劳动教育能给予孩子们无限的灵感、无限的启示，让他们结识一个更真实、更亲切、更深远的世界；带领孩子们探索自然界的奥秘，体会大自然与我们的相互关系；能够教会孩子独立思考、勇于探索，提升创新力和实践能力，是培养孩子综合素质和实践能力不可或缺的一环。

在"鑫小"，"鑫动布艺"等劳动教育特色课程得到了充分的重视和发展。学校通过培养孩子们探索未知、实践创新的能力，激发他们渴望知识、实现自我、贡献社会的热情，进而引导孩子们在实践中体验成功和成长的喜悦。这不仅是一种教育理念的创新，更是"鑫小"秉持的一种体现教育使命、照亮前行之路的办学理念。

在这个瞬息万变的时代，孩子们面临着前所未有的挑战和机遇。劳动教育的实践不仅能培养孩子们的实践能力、动手能力、创新能力，更能全面培养、提高孩子们的素养，促进其形成正确的价值观，让他们更加具备在未来社会中生存和发展所需的核心竞争力。

第一节 课程开发背景

"鑫小""鑫动"劳动教育特色课程的开发实施,是在学校教育教学改革的背景下,为了推进素质教育的发展而进行的一项重要举措。该特色课程的开发实施,旨在构建五育并举的新模式,全面提高学生的综合素质和实践能力。

随着社会的进步和发展,知识和技能的转化更新速度越来越快,培养学生的创新能力、实践能力和动手能力成为学校教育的重要指向。在这个过程中,劳动教育被广泛认为是培养学生动手能力、实践能力和创新能力的重要途径。

在此背景下,"鑫小"开始了劳动课程的开发与创新,推出了"鑫动"劳动教育特色课程。这些课程旨在突破传统课程的限制,重视学生的主体地位,通过实践、创新、探究等方式,培养学生的综合素质,深入挖掘和发掘学生的潜能,提高学生的动手能力、实践能力和创新能力。

"鑫动"劳动教育特色课程涵盖了多个方面的知识和技能,如种植、葫芦、布艺、手工DIY等,突出了自选、自习、自主的人性化教育方式,激发、培养学生的学习热情和自我实现的能力。同时,这些课程只是"鑫动"课程的一个组成部分,更是"鑫小"育人全局的发展方向,能推进学生全面、多方位、多层次的素质建设,培养更多的拔尖人才,实现学生和学校多方共赢的教育目标。

首先,通过课程设置和实践探索,"鑫小"构建了一个符合学生成长特点,以创新能力、实践能力、动手能力为导向的劳动教育体系。其内容不仅包括"鑫小"特色劳动课程的设置,更重要的是,这些课程的实践和探究能引导学生从事各类劳动活动,不断开拓视野,探索发现,挖掘潜能,追求创新,并为学生创造、提供各种机会和平台，使他们展示自己的才华和能力。其次，"鑫动"劳动教育特色课程背后的推动力量是学校教育的改革和创新。"鑫小"通过教育实践和理论探索，在学科、教学内容、教学方法等方面实现了全面改革和创新，形成了一个全序列的教育体系，在推动学生全面发展的同时，也为不同学生设定了不同的培养规划和发展路径。

在推出"鑫动"劳动教育特色课程之前，"鑫小"已经开始了有计划、序列化的课程设置和教学实践。无论是教学内容的精细化设计，还是教学过程的探究和创新，"鑫小"均始终把学生的培养和发展放在首位，注重调整教学策略和方法，并不断开展调研和课程优化。

此外，"鑫动"劳动教育特色课程的开发也得到了家长和社会各界的广泛认可和支持。家长们一直是学校教育的强力合作伙伴，只有家校共同合作，才能实现学生全面、多方位、多层次的发展目标。在"鑫小"，家长们与学校一起参与"鑫动"劳动教育特色课程的实践和推广，积极为学生提供支持和帮助，共同为学生的发展贡献力量。

一、"鑫动"劳动教育特色课程的开发是针对学生发展需求和时代背景的

"鑫动"劳动教育特色课程的开发是对学生发展需求和时代背景的深入思考，其目的在于为学生提供一个多元化、实践性、开放性的教育环境，全面发展学生的智能、创造力和创新精神，以使他们更好地适应当前和未来的社会需求。

一方面，随着科技的发展和知识的更新迭代，现代社会对人才的要求越来越高，学生们需要具备全面的素质和综合的能力，才能在未来的发展中立于不败之地。而劳动教育作为一种基于实践的教育形式，可以帮助学生获取丰富多样的知识和技能，从而锻炼和培养他们的实践能力、创新意识和团队协作能力，

提高其综合素质和核心竞争力。

另一方面，现代社会的发展趋势是环保、可持续和创新型，这也为劳动教育的发展提供了广阔的空间和必要性。除了帮助学生获得实践技能和发展创新精神之外，劳动教育还可以培养学生的环保意识和责任感，引导他们在探索科技发展的同时，积极关注和参与环境保护和可持续发展，为地球的未来做出贡献。

因此，"鑫动"劳动教育特色课程的开发不仅是教育的一种创新和突破，更是时代进步与人类发展的必然要求。该课程旨在通过创新和实践，使现代化的劳动教育融合到学生的日常生活、学习中，从而让他们在充满机遇和挑战的未来中愉快自信地迈向前方。同时，这种课程也激发了学生的创新思维，提升他们的创新能力和综合素质，为他们未来的发展打下坚实的基础。

在"鑫动"劳动教育特色课程的开发中，教师们不断研发新颖的教学模式和方法，以实现课程的多样化与创新化，促进教育质量和效益的提高。同时，课程体系的建设也尤为重要，需要进一步探索和完善劳动教育的课程框架和内容，针对学生的认知和兴趣，有针对性地设计和开发不同形式和层级的劳动教育特色课程，从而满足多样化的学生需求和教学目标。

二、"鑫动"劳动教育特色课程的开发与实施能促进五育融合发展

劳动教育是五育并举的一种重要手段，不仅可以培养学生的操作技能和动手能力，还可以让学生学习科学、艺术、文化、体育等方面的知识。在劳动教育中，学生参与各种劳动活动，可以锻炼身体、学习知识、开发创新和实践能力，全面促进自身的五育融合发展。如通过智慧种植课程探讨生态问题，锻炼学生的动手种植和基础农业技能；通过手工制作葫芦工艺品探究葫芦文化，培养艺术审美能力；通过布艺课程培养学生的细致耐心和创意设计能力等。

作为"鑫小"教育中的重点项目，"鑫动"劳动教育特色课程是学校实现

育人目标的一大举措。"鑫小"的育人目标是培养德、智、体、美、劳五育全面发展的"鑫星少年"。五育并举是"鑫小"教育理念体现和具体实践的重要组成部分。"鑫动"劳动教育特色课程的开发是在这种背景下实施的，旨在通过劳动教育探索、创新、发展育人新模式，全面促进学生综合素质的提高，并推动五育融合发展。

首先，在劳动教育特色课程中，学生可以通过实践学习知识，提高实践能力。如在布艺课程中，学生会亲自动手体验蓝印花布，同时深入了解蓝印花布的历史背景和文化意义。蓝印花布是中国传统的手工艺术品之一，早在唐宋时期就已经在中国广泛应用。在学生亲身体验蓝印花布的过程中，他们不仅能够锻炼自己的动手能力和实践能力，还能够增强自己的文化底蕴。他们会发现，通过手工制作的蓝印花布不仅富有美感，而且能够在多个方面使用，例如布艺、家居等方面。通过这个过程，学生能够更好地理解自己所学习的文化知识，并更加深刻地认识和传承这项传统工艺。此外，在实践的过程中，学生不断地调整自己的思路，寻找最佳方案解决实践中遇到的问题，从而提高了自己解决问题的能力。

其次，劳动教育特色课程的开发和实施能够创设丰富的情境，提供多元性的实践和思考机会，同时也能够强化人际交往和沟通能力。"鑫动"劳动教育特色课程旨在让学生在体验实践的过程中，有机会发掘自己的潜能，在实践中获得成就感和快乐感，提高自己的实践能力，从而增强自信心和自尊心；让他们在成长的过程中对自己的未来有更加清晰和明确的认识。

布艺课程是"鑫小"劳动教育特色课程中的重要组成部分，印染技术是布艺课程的重要内容之一，蓝印花布又是印染技术中的经典代表。学生能够通过课程学习到蓝印花布的制作方法和工艺，从而拓宽视野，提高想象力和创造力。

学习过程中，学生不光能够掌握具体的手工技能，还能够接触到这项传统技艺的历史渊源和文化内涵，了解蓝印花布的历史轨迹和变迁，增进自己对传统文化的认识和理解。

课程实践过程中，学生不仅仅是在单纯地学习一种技能，更多的是在进行实践和思考。学生需要在实践中理解和掌握蓝印花布制作的方法和细节，同时也要思考如何运用这种技艺进行创作和发挥想象力。这样的过程不仅能够提高学生的实践能力，还能够培养学生的创造力和解决问题的能力。另外，学生的协作和沟通能力也会在布艺课程中得到锻炼。课程中学生需要与同伴进行交流和合作，协调各自的工作，达到更好的效果。这种协作和交流不仅是蓝印花布制作过程中需要的，也是社会和生活中必要的技能，能够为孩子们的未来做好充分的准备。

最后，"鑫动"劳动教育特色课程的开发和实施能够带来更加全面的教育体验。"鑫动"劳动教育特色课程的开发和实施，能够让学生在更加全面的教育体验中获得成长和进步。通过学习和实践，学生锻炼了自己的动手能力和创造力，提高了自己的实践能力，增强了自信心和自尊心，从而在成长的过程中对自己的未来有更加清晰和明确的认识。

三、"鑫动"劳动教育特色课程的开发与实施能够促进学校的内涵式发展

"鑫动"劳动教育特色课程促进了学校的教学改革和创新进程。劳动教育是学校教育改革和创新的重要组成部分，是推进学校教育现代化进程的必经之路。在劳动教育中，学生可以学习生产技能，感受劳动的真谛，磨炼意志。在这个过程中，教师们不断探索和创新，不断调整教育资源和教育力量，提高教育教学质量和效果，实现学校教育的良性循环和发展。

首先,"鑫动"劳动教育特色课程可以促进教育内容多元化。以布艺课程为例,学生可以在体验布艺制作过程中,学习到印染技术、扎染技术、布艺文创等多个方面的知识,拓宽知识面,提高横向拓展能力。学生更好地掌握了这些领域的知识和技能,也能够更充足地为自己的未来职业发展和工作生活做准备。

其次,"鑫动"劳动教育特色课程能够促进教育质量提高。开展劳动教育特色课程不仅能够培养学生的动手能力和创造力,同时也能够培养学生的思考和解决问题的能力。这些都是学生未来生活和工作所需的基本能力,有助于他们更好地适应社会和生活。同时,劳动教育特色课程的开展也有重要的教育意义。它能够帮助学生了解自己的生产环境,让他们有机会了解社会和现实问题,通过劳动体验,唤起学生的爱国情感和社会责任感。

再次,"鑫动"劳动教育特色课程还能够促进教学方法的创新。传统的教育方式往往以传授知识为主,而劳动教育特色课程开展了以实践为基础的教育方式。学生在实践过程中,可以充分理解所学知识的实际应用场景,通过不断尝试、交流和探索来提高自己的实践能力和创造力。这些实践过程既激发了学生的探索和创新欲望,又有助于学生更加灵活地应对未来的学习和工作任务。

最后,"鑫动"劳动教育特色课程的开发与实施可以促进学校发挥更加突出的育人功能。学生在"鑫动"劳动教育特色课程中,不仅能够得到全面培养,也能够发展个性特点。在劳动教育特色课程中,学生可以更好地展现自己的特长和优点,在其中体现个性化发展。同时,学生在实践中也更倾向于发挥自己的创造性、主动性、自主性,这些都有助于其个性特点的建立和形成。

"鑫动"劳动教育特色课程的开发与创新是"鑫小"教育创新的一小步,却是教育事业发展中的一大进步。它不仅推动了学校的教学与发展,更培养了一代代学生的素质与能力,为他们的未来成长和发展提供了更好的保障和支撑。

遇见布艺,"鑫动"生花 南京市鑫园小学劳动教育的特色实践

"鑫动"劳动教育特色课程的开发背景,具有深刻的教育意义和实践价值。劳动教育不仅是人类生存和发展的必然需求,也是促进学生自我发展、全面素质提升的必要因素之一。在参与劳动过程中,学生可以全面地锻炼运用各种技能,开发自身的创新与实践能力,培养独立思考、团队协作和自主发展的精神。

第二节 课程性质与目标

"鑫动"劳动教育特色课程是"鑫小"为推进素质教育而开发的一项教育活动，主要面向小学生，是一门以劳动实践为主要内容，结合德育、智育、体育、美育和劳动教育的综合性特色课程。该课程强调学生的实践能力和创新意识，促进学生的五育融合发展，旨在培养学生的劳动精神、创新精神和实践能力，提高学生的综合素质和实践能力。

一、课程性质

《义务教育劳动课程标准（2022年版）》指出："注重引导学生从现实生活的真实需求出发，亲历情境、亲手操作、亲身体验，经历完整的劳动实践过程，避免单一、机械的劳动技能训练，避免简单的劳动知识讲解，避免缺少实践、过于泛化的考察研究。注重引导学生通过设计、制作、试验、淬炼、探究等方式获得丰富的劳动体验，习得劳动知识与技能，感悟和体认劳动价值，培育劳动精神。"

在现代社会，学生们更多地接触到的是虚拟化的社交和娱乐，而缺少对实际劳动和实践的了解和体会。因此，学校应该利用"鑫动"劳动教育特色课程的机会，注重通过实践、体验的方式让学生了解劳动的实际含义和重要性，从而使他们习得劳动知识与技能，感悟和体认劳动的价值，培育劳动精神。

（一）课程定位

"鑫动"劳动教育特色课程是学校劳动教育的重要组成部分，其主要定位是地方学校的"选修课程"，旨在通过教学，帮助学生了解劳动的重要性和价值，习得劳动知识与技能，感悟和体认劳动精神，实现育人价值，教会孩子如何劳动。

如今越来越多的学生缺乏实践经验和劳动意识，对于劳动价值和劳动精神的认识较为有限。而劳动教育特色课程的开展，可以通过实践、体验等方式，让学生了解劳动的实际含义和价值，从而培养学生的劳动精神，提高劳动意识和劳动技能。

"鑫动"劳动教育特色课程的课程定位是一门以劳动实践为主要内容，结合德育、智育、体育、美育和劳动教育的综合性特色课程。该课程旨在通过劳动实践活动促进学生的五育融合，全面提高学生的综合素质和实践能力，培养学生的劳动精神、创新精神和实践能力，促进学生德智体美劳五育的融合发展。

具体来说，该课程主要围绕以下几个方面展开：

劳动技能方面：通过智慧种植、传统布艺制作、葫芦工艺品制作等劳动实践活动，培养学生的动手能力和实践技能，提高学生的劳动能力和实践能力。

社会服务方面：通过社会实践活动，培养学生的服务意识和责任感，提高学生的社会责任感和服务能力。

文化传承方面：传统布艺制作、葫芦工艺品制作等劳动实践，不仅可以培养学生的文化自信心和文化认知，还可以促进文化传承和文化交流。在劳动实践中，学生能够从传统文化中获取灵感和创新思路，加深对传统文化的了解和认知，并结合现代设计和工艺技术，将传统文化元素发扬光大。

创新意识方面：正是因为传统布艺制作、葫芦工艺品制作等劳动实践的独特性和复杂性，它们能够培养学生的创新意识和实践经验，提高学生的创新能力和实践能力。

（二）课程功能

任何学校的课程都承担一定的教育功能，这种功能说明某种课程所追求的宏观教育目标，对学生的发展会带来实际的教育意义。

一是促进学生的身心健康发展。劳动教育特色课程的开展可以让学生在规范的环境下进行劳动，充分锻炼身体，增强体质，扩展业余爱好，缓解学习压力，为学生的身心健康发展打下良好的基础。

二是培养学生的劳动意识和劳动价值观。按照任务分工明确、相互依存、各司其职、协调一致的原则，让学生深入体会到集体意识、协作意识、责任意识等人际关系和道德规范，提高劳动意识，培养学生的集体主义精神和实践能力。

三是强化学生的实践能力和创新能力。劳动教育特色课程的开展，可以让学生充分发挥自己的创新思维和实践能力，在锻炼实践能力的同时也提高了学生的创新能力和实践能力。

四是增强学生的社会交往能力。劳动教育特色课程的开展，可以让学生们合作完成一项任务，培养其合作精神和团队协作能力；同时，在合作中，学生也能够学习和感悟到人际交往的道理和技巧，增强社会交往能力。

五是促进学生的文化传承和文化认知。通过文化传承活动，让学生了解和体验传统文化，促进文化传承和文化交流，提高学生的文化自信心和文化认知。

二、课程目标

（一）育人目标

基于"欣然生长"校园文化，学校的劳动教育特色课程建设从多个维度考量，让课程成就一个立体化的、丰满的生命体，最终培育"做人有品德、做事有品质、生活有品位"的"鑫星少年"。"鑫动"劳动教育特色课程的具体育人目标如下：

乐学善思：培养"乐学善思"的目标是让学生在劳动实践和学习中保持积极乐观的态度，并具备敏锐的思维能力和批判性思维能力。学生在学习劳动技能的同时，也需要学习如何思考和分析问题，以及如何寻找创新和优化方案等等。

这种"乐学善思"的学习方式，将帮助学生培养持续学习和不断探索的素质。

崇德尚美：培养"崇德尚美"的目标是让学生在学习劳动技能的同时，也能提高自身的艺术修养和人文素质，在审美、品格和道德方面变得更加高尚。学生在学习劳动技能的过程中，将接触到不同的艺术形式和文化背景，提高自己的审美品位和文化素养，培养兼具文化修养和劳动实践能力的"鑫星少年"。

实践锤炼：培养"实践锤炼"的目标是让学生在实际的劳动实践中获得锻炼，增强自己的实际操作能力和实践能力。在课程中，学生将接触到许多实际问题，需要通过实践去解决，这时候，他们需要运用到自己的实际操作能力和实际经验，从而不断地锤炼自己的实践能力和解决问题的能力。这种"实践锤炼"将使学生得到更好的提升。

进取拓展：培养"进取拓展"的目标是让学生始终保持一种积极向上的进取精神，勇于拓展自己的能力和视野。在课程中，学生将接触到预设的各种劳动和实践场景，这时候，他们需要在原有基础上不断地拓展自己的能力，并不断地进取。只有拥有"进取拓展"的进取精神，学生才能不断锤炼自身能力，并在未来的职场上发挥更大的作用。

（二）课程目标

作为学校课程建设的重点，学校将育人目标细化到劳动教育特色课程的目标中。（见表 3-1）

表 3-1 "鑫动"劳动教育特色课程目标

目标	年级段		
	低年级段	中年级段	高年级段
乐学善思	通过丰富的趣味游戏和劳动实践，培养学生的好奇心和探究精神，锻炼劳动技能； 培养学生的创新意识和思维，激发学生乐学的求知欲； 锻炼学生的观察、分析、推理和探索能力，增强他们的自主探究能力。	加强劳动实践的技能训练，提高实践创新能力； 深入引导学生在享受趣味的同时，探究问题的本质和找到解决问题的方法，培养创造性思维； 强化实践操作与团队合作，培养学生的团队协作意识。	进一步增加劳动实践，提高劳动技能和质量，加强探究性、创造性实践的训练； 围绕劳动中的实际问题提高学生分析和解决问题的能力，开发和培养学生的创新能力； 培养团队合作意识和领导能力，加强自主探究和自主发展，使学生成为未来的创新者和引领者。
崇德尚美	在游戏和劳动实践中培养学生的审美能力和劳动素养，促进学生良好行为习惯的养成； 培养学生的自我认知能力和诚信意识，使他们从小形成崇德向善的劳动价值观； 提高学生的劳动素养和心灵修养，使他们关爱社会、具有责任感。	以劳动实践为基础，增强对美的认知、鉴赏和创造能力，构建良好的文化环境和价值观； 强化生命教育和社会责任感，加强学生的公民素质和公共意识，提升学生的审美能力与劳动素养； 培养良好的品德修养、行为规范和自我管理能力，为未来的成长和发展打造坚实的基础。	加强五育融合教育，发展和培养学生的劳动实践能力、审美能力和自由创新精神等核心素养； 强化社会责任感和道德素养，培养领袖精神和大局意识，培育积极向上和崇德向善的社会公民； 提高综合素质和自我管理能力，在实际操作中养成健康的生活习惯和语言行为规范。

续表

实践锤炼	强化劳动实践操作技能的训练，初步掌握实践方法和实践技术； 锻炼身体和认知机能，提高学生的实践操作能力； 培养识别和解决实际问题的能力，加强学生的自主探究和自我发展。	在劳动实践运用中深化技能训练，提升实践探索和解决问题的能力； 以科学方法为基础，加强对实践探究和创新能力的培养，提升学生的实践创新意识； 加强团队协作和沟通，提高学生的全面素质和综合实践能力。	拓展劳动实践应用场景，加强实践技能和实践能力的提升，突出实践创新和提高质量的要求； 运用实践和科学思维探究深层次实践问题，培养学生的批判性思维，提升创造力； 强化对团队领导和管理能力的培养，提升学生的综合素质和自我发展能力。
进取拓展	发掘学生的潜能和天赋，提高劳动实践能力，培养探究精神和创新意识； 强化合作意识，提高团队协作和沟通能力，增强人际交往合作精神； 培养识别和解决问题的能力，加强学生的自主探究和自我发展。	在项目实践中培养学生的领导、合作和沟通能力，提高其团队领导和管理能力； 强调劳动实践探究和创新，培养走在时代前列和拥抱未来的进取精神； 提高个人核心素养，通过实践的锻炼和反馈不断提升自身的综合素质和能力。	进一步提高实践创新和项目管理能力，培养学生成为未来的创新者和领导者； 坚持思维方式和实践方法并重，让学生在劳动实践中锤炼，提高思维能力和创造力； 提升综合素质，培养社会责任感和自我意识。

　　"鑫动"布艺课程作为"鑫动"劳动教育特色课程中的重点项目，有其独特的育人价值，需要从知识与技能、过程与方法、情感态度与价值观三个维度，通过分阶段、分级别、分层次对课程作具体要求。"鑫小"根据小学生年龄阶

段的特征,将"鑫动"布艺课程分为三个阶段,分别是"了解布艺"(低年级段)、"学做布艺"(中年级段)、"创意布艺"(高年级段)。

"了解布艺"的课程目标:

1. 知识与技能

了解蓝印花布的制作历史和传统技术,掌握蓝印花布的制作方法和工艺流程。

学习蓝印花的纹样、色彩和构图的特点和方法,掌握蓝印花布的设计创新能力。

了解印染、扎染的历史和文化背景,掌握印染法和染料的基本知识;学习印染工艺和技术,掌握印染花型和染色方法,提高印染设计和创新能力。

学习布艺文创的设计技巧和原则,提高创意和发散思维能力。

2. 过程与方法

强调实践操作和模拟实战,培养学生的专业技能和实践能力;推崇学以致用和以学生为中心,注重培养学生的动手能力和实际操作能力;鼓励学生独立思考和探索,提高学生的创新能力和解决问题的能力。

倡导实际操作和自主实践,强化学生的实践能力和操作技巧;强化团队协作和多样性文化,让学生在印染、扎染、文创作品中提高个人素质和团队协作能力。

3. 情感态度与价值观

培养学生对传统文化和手工艺术的尊重和热爱,增强学生对中华传统文化的认同感和自豪感;培养学生的创新思维和独立思考能力,引导学生在印染、扎染、文创领域发挥自己独特的创新思维和创造力。

提高学生的审美和文化素养,加强学生对传统文化和手工艺术的认知和理解，增强学生对自身文化传承和发展的责任感和使命感。

"学做布艺"的课程目标

1. 知识与技能

掌握蓝印花布的制作历程和基础知识，包括材料的准备、蓝印花布的烫印、染色和熨烫等；学习蓝印花布的图像、颜色和造型特点。

学习印染色彩和设计理念，学习扎染花型和编织原理，掌握不同材料和技术的表现效果，提高自己的设计水平和创新能力。

2. 过程与方法

强调学生中心和可持续发展，注重培养学生的动手能力和实际操作能力；培养学生的创新精神和团队合作能力，通过合作完成项目任务，提高学生的实践能力和解决问题的能力。

强化文化氛围和跨文化交流，鼓励学生在印染文化和设计上保持开放的态度，学习跨文化交流和文化融合的方法，增加跨文化思维和交流的能力。

3. 情感态度与价值观

培养学生对布艺文化的关注和热爱，增强学生的文化自信和历史文化意识；强化对生态环保的关注和认识，让学生从布艺的制作过程中提高环保意识。

强化学生的合作精神和创新思维，促进学生在扎染设计和创新中发挥个性和团队精神。同时，在扎染实践中培养学生吃苦耐劳等优秀的品质。

"创意布艺"的课程目标

1. 知识与技能

熟悉蓝印花布、扎染、布艺文创等工艺的原理和操作方法，掌握相应的技巧和技能。

通过尝试不同的颜色、材料和图案，创造出更具个性化和创新性的作品。

2. 过程与方法

学会观察和分析布艺作品的构图、色彩和造型等要素，了解创作的基本原则和方法。

培养创新思维和创作能力，通过手工制作、设计等活动，提高学生的创作能力。

学习合理规划和组织布艺制作过程，掌握项目管理的基本方法。

3. 情感态度与价值观

培养对手工制作和艺术创作的兴趣和热爱，提高审美意识和艺术欣赏能力。

培养勤奋、耐心、细心、认真的工作态度，强化团队合作和责任意识。

培养环保意识，倡导可持续发展的观念，提高对环境保护和资源利用的认识。

第三节 课程内容

课程内容是整个课程开发的最核心问题，课程内容与学生学习经验是实践课程目标的重要手段，因此，课程内容与学生学习经验的选择便显得十分重要。在课程设计的过程中，如何理性地进行课程内容与学习经验的选择，是课程设计的重要问题。

根据"鑫动"布艺课程的特点，"鑫小"把"鑫动"布艺的课程内容分成三个层次进行课程规划，从初级、中级到高级，逐步过渡。低年级段的课程是"了解布艺"，目的是让学生了解传统手工艺；中年级段的课程是"学做布艺"，目的是让学生学会制作；高年级段的课程是"创意布艺"，目的是引导学生进入创作层面。这样层层递进的教学模式可以帮助学生逐步建立起布艺制作的基础技能，同时也让学生能够逐渐进入创作层面。在初级阶段，学生通过了解传统手工艺的历史和文化背景，可以对布艺制作有更深入的了解。在学生掌握了基本的面料选择和印染、扎染等技能之后，中级阶段的课程可以帮助学生进一步提高自己的技能，学习如何运用各种工具和技巧制作出更加复杂和优美的布艺制品。高级阶段的课程则更加注重创意和设计，学生可以独立完成一些创新的项目，运用自己的想象力和创造力，制作出更具个性化和创意性的作品。

这样分层的课程规划不仅可以使学生在技术层面上得到提高，更可以培养他们的动手实践能力、思考能力及创造与创新能力。同时，分层课程也为学生未来的进一步学习和发展打下了坚实的基础。

低年级段的"了解布艺"课程，主要目的是让学生了解和欣赏传统民间布

艺的历史、文化和技艺,同时也让学生了解和掌握一些基本的布艺制作技巧。该课程主要包括以下一些具体内容:

蓝印花布的制作工艺和历史:介绍蓝印花布的历史背景、特点、图案和制作方法等,让学生了解蓝印花布的魅力。

扎染技术:学生可以通过扎染工艺了解到,这是一种将面料通过折叠、压缩、缩束等方式进行自由处理的技术(见图3-1)。这个方法可以让学生在制作过程中根据自己的想法与意愿随意运用,达成目的。

图 3-1 学生展示扎染作品

文创设计:学生需要根据自己的审美和创意,设计、制作一些具有个性化特点的布艺制品;可以使用多种方法,例如手绘、绣花、贴花、剪纸等。

该课程的时间可能在16—18课时,教学目标在于让学生增加对民族文化的重视和了解，同时掌握简单的布艺技巧，为后续中高级的布艺课程的学习作好铺垫。

中年级段的课程是"学做布艺"。我们按照模块来设计，共设置3个模块，包括"蓝印花布""扎染""布艺文创"，每个模块下面设置若干个主题，课时不等，总计18个课时。通过模块设计与菜单体验，学生掌握各种民间布艺的制作流程，锻炼手的灵巧度，达到心灵手巧的境界。

高年级段的课程是"创意布艺"。课程指向的是传承与创新，旨在培养学生的独立创新能力，主要包括"民间艺术与当代艺术""创意设计与手工制作"。学生将学习如何使用各种材料和工具，实现创意和设计，以微妙的色彩、形状和材料的结合完成独特布艺产品的设计与制作。该课程总计18个课时，教学目标在于培养学生独立思考、创意开发和勇于实践创新的能力，使他们形成初步的创作技术思维方式和技术能力；开拓学生的创新思维，使他们积累社会生活经验；发挥学生的想象力，提高审美能力，培养创造力，促进多元智能发展。

第四节 课程实施与评价

在"鑫动"布艺课程开发中,为了使孩子们的各种学习与活动有效地联系在一起,使其产生积累效应,学校还需要对设计的课程内容加以有效组织与实施。让学生在学习中产生积累效应,不断提高自身的能力和素质。

一、"鑫动"布艺的实施纲要

"鑫动"布艺由浅入深,分段教学:布艺教学需要分为多个阶段,分别是入门、进阶和提高。每个阶段都应该有相应的学习目标和内容,紧密结合学生的学习和实际操作,让学生能够理解和掌握各种布艺技巧,使学生从摸索中逐渐掌握各种手法,在实践中拓展出更多想象和创意。

以下以"了解布艺"为例来说明课程的实施纲要。

"了解布艺"课程实施纲要

一、适用年级:1—2年级

二、总课时:18个课时

三、课程简介

"鑫动"布艺课程旨在以手工艺术的形式,引领孩子们走近布艺的世界,增强对民间文化的认识和理解,提升他们的动手能力和创造力,增强劳动意识,培养劳动技能。

在课程的实践环节,学生将根据老师的指导,自己动手设计布艺作品。他们将尝试不同的布艺制作技巧,并利用这些技艺来制作自己的布艺作品。通过课程的内容和实践,孩子们可以逐渐掌握自己创造布艺作品的技能,培养自己的动手能力，提升自己的创造力和审美能力。

"鑫动"布艺课程以"玩中学、学中玩"为目的，通过丰富多彩的教育活动为运用布艺制作技巧并深刻感受民间文化奠定了坚实的基础，同时也为孩子们的手工制作和艺术创作提供了新的方向。

四、课程背景

随着互联网和科技的不断发展，越来越多的孩子们也变得依赖"互联网＋"这类知识应用的工具，而忽视了传统手工艺和民间文艺的价值。这股趋势在很大程度上影响了学生们的文化价值取向。

在传统文化中，布艺手工艺是一项源远流长的文化和技艺。它不仅体现了几千年民间文化的传承，也融入了厚重的文化内涵，具有相当高的美学价值，运用非常广泛，在商品的生产和流通中扮演了重要角色。工人们使用传统的布艺手工艺技术，能够逐渐掌握布艺作品的制作流程和方法，凸显出工艺技术的差异和文化性质的不同，也更加体现了传统文化中的精髓。此项实践课程便提供了这样一种机会，让学生在认识传统民间文化的基础上，通过亲自动手实践，可以更加深入地掌握手工艺术的各种操作流程和细节，理解和掌握劳动生产的基本原理，从而增强自己的动手能力和创造力。

"鑫动"布艺课程，正是充分发掘和应用布艺文化和民间文化的价值，并将其融入实际的青少年教育教学活动中，而且通过培育和铸造艺术创造力，使青少年从科技现代化中走出来，接触与自然和传统艺术息息相关的世界，不断创造出精美的手工作品，培育他们的创造力和动手能力。他们将在课程设计过程中获得自信，跨越技能和文化的鸿沟，创造更高的人生价值。

五、课程目标

1. 知识与技能

了解蓝印花布制作的历史和传统技术，掌握蓝印花布的制作方法和工艺流程。

学习蓝印花的纹样、色彩和构图的特点和方法，掌握蓝印花布的设计创新能力。

了解印染、扎染的历史和文化背景，掌握印染法和染料的基本知识；学习印染工艺和技术，掌握印染花型和染色方法，提高印染设计和创新能力。

学习布艺文创的设计技巧和原则，提高创意和发散性思维能力。

2. 过程与方法

强调实践操作和模拟实战，培养学生的专业技能和实践能力；推崇学以致用和以学生为中心，注重培养学生的动手能力和实际操作能力；鼓励学生独立思考和探索，提高学生的创新能力和解决问题的能力。

倡导实际操作和自主实践，强化学生的实践能力和操作技巧；强化团队协作和多样性文化，让学生在印染、扎染、文创作品中提高个人素质和团队协作能力。

3. 情感态度与价值观

培养学生对传统文化和手工艺术的尊重和热爱，增强学生对中华传统文化的认同感和自豪感；培养学生的创意和独立思考能力，引导学生在印染、扎染、文创领域发挥自己独特的创新思维和创造力。

提高学生的审美和文化素养,加强学生对传统文化和手工艺术的认知和理解,增强学生对自身文化传承和发展的责任感和使命感。

六、课程大纲

课时数	课时名称	课程目标
第1—2课时	"蓝印花布的基础知识和技巧"	学习蓝印花布的制作流程和技巧,了解其历史和文化背景; 制作简单的蓝印花布样品,掌握基本的制作技巧。
第3—4课时	"蓝印花布的扩展应用"	了解蓝印花布的不同应用领域,如服装、装饰等; 制作蓝印花布饰品或小物件,拓展蓝印花布的应用领域。
第5—6课时	"扎染的基础知识和技巧"	学习扎染的制作流程和技巧,了解其历史和文化背景; 制作简单的扎染样品,掌握基本的制作技巧。
第7—8课时	"扎染的进阶应用"	了解扎染的不同应用领域,如服装、装饰等; 制作扎染饰品或小物件,拓展扎染的应用领域。
第9—10课时	"布艺文创的基础知识和技巧"	学习布艺文创的概念和基础知识,了解不同的布艺材料和工具; 制作简单的布艺作品,掌握基本的布艺制作技巧。

续表

第11—12课时	"布艺文创的创新设计"	学习布艺文创的创新设计思路和方法，培养创新思维能力；制作自己的创新设计作品，展示个性和创造力。
第13—14课时	"布艺文创的应用实践"	了解布艺文创的不同应用领域，如家居、礼品等，制作布艺实用品或礼品，拓展布艺文创的应用范围。
第15—16课时	"综合实践"	设计一个综合实践工程，包含蓝印花布、扎染和布艺文创的内容；综合运用所学知识和技能，制作一个完整的作品。
第17—18课时	"作品展示和分享"	展示自己的成果和心得体会，提高自我表达和交流能力；总结所学知识和技能，激发学生对布艺文化的兴趣和热爱。

七、课程实施说明

1. 建立课程保障机制

学校组建"鑫动"布艺课程领导小组，有计划、有组织地开展教师培训，课程做到固定时间、固定场地、固定教师。形成教师研究团队，以课题促进课程实施，从理论和实践上进行研究和深入探索。并且，聘请非遗传承人作为专家团队进入学校对教师和学生进行技术性指导。

2. 课程实施方法与途径

本课程安排在学校校本课程领域，每周1个课时，在每周一下午第二节课时间进行,与国家课程整合在学校课程方案中,排在课表内。

八、课程评价建议

"鑫动"布艺课程的评价应当包括多个方面的考量,包括技能水平、创造力、审美能力、团队协作、教学质量等等。评价是学习成果的重要体现,也是学生成长的重要证明和基础。

1. 评价指标

针对"鑫动"布艺课程的评价指标可以包括以下几方面内容:

(1) 技能水平:学生在制作布艺作品时表现出来的技术水平以及完成度。

(2) 创造力:学生在完成作品时表现出来的创意和创造能力。

(3) 审美能力:学生在进行布艺设计时表现出来的审美能力。

(4) 团队协作:学生在团队任务中协作的表现。

(5) 教学质量:教师的教学质量、课程与教材的匹配度。

2. 评价方式

在评价方式上,可以采用自评、互评和师评相结合的方式,具体包括:

(1) 自评:让学生自己对完成的作品进行评价和反思,并对自己下一步的学习和改进制订计划。

(2) 互评:让学生相互评价和反馈,以便更好地理解和改进自己的作品和技能。

(3) 师评:由专业的教师对学生的布艺作品进行评估,并提供针对性的建议和指导。

3. 成长记录手册

在评价方面,可以为学生设置相应的成长记录手册,记录每个学生获得的成就和经验。通过这些记录,学生和教师都可以更好地了解学习进度和提高方向。

成长记录手册可以包括以下几方面内容：

（1）学生布艺作品的照片和介绍。

（2）学生对自己学习和制作过程的自我评价。

（3）学生对家庭支持的反馈和感谢。

（4）教师对学生的评价和建议。

（5）其他相关的学习和成长记录。

二、课程实施建议

（一）学生的学习

在学习布艺课程时，学生会遇到许多问题和挑战。以下是一些建议，以帮助学生更好地学习这门课程。

1. 坚定学习目标。在开始学习布艺课程之前，学生需要明确自己的学习目标。这有助于学生在学习过程中更好地安排时间和精力，并提高学习的效率。同时，学生可以在学习过程中不断调整目标，以更好地适应自己的学习和进步。

2. 注重基础知识。学生需要重视布艺制作的基本知识和技巧，包括线脚、裁剪、缝纫等方面。这些基本技能是学习和制作更复杂作品的基础，也是发展自己的创造力的基础。

3. 多实践。学生需要持续地进行实践和探索，不断尝试并锻炼自己的技能。学习像布艺制作这样的手工艺，需要耐心和坚持。只有通过反复实践，才能提高技能水平和培养创新思维。

4. 学会团队协作。在学习过程中，学生需要加强团队协作，与同学们一起交流和学习。也需要培养学生公正和友善合作的态度，这有助于学生在未来的工作和生活中获得更大的成功。

（二）教师的教学

教师的教学方法和态度对课程和教学效果非常重要。以下是一些建议，以帮助教师更好地进行布艺课程的教学。

1. 制定教学内容和目标。在教学前，教师需要明确课程的教学内容和目标，以便更好地安排教学计划和反复讲解。这有助于学生更好地理解和消化课程内容，提高教学效果。

2. 采用多元化的教学方法。教师需要结合不同的教学方法，灵活掌握课堂氛围。可以借助视频、图片及其他多媒体教材，丰富课程内容，以激发学生的兴趣，并提高学生的学习兴趣。在布艺制作过程中，教师更要综合运用理论学习、实践操作等不同教学手段及资源。

3. 培养学生的创造力和创新意识。在教学过程中，教师也需要注重培养学生的创造力和创新意识，让学生在学习过程中不断尝试新的方法和材料，挑战传统的布艺制作方法和思维模式，激发自己的创造力。

三、课程评价

"鑫动"布艺课程评价的内容涉及方方面面，包括对课程开发背景和目标定位的评价，对课程方案可行性的评价，对课程实施过程的评价以及对实施效果的评价，还有对教师课堂教学的评价以及学生学习情况的评价。

"鑫动"布艺课程的评价注重过程性评价，强调多种评价手段的综合运用，不仅重视对技能的考查，更加重视考查孩子们在实践活动中分析与解决问题的能力，创新意识与劳动素养的养成。

1. 课程实施前的评价

这个阶段主要针对课程目标、教学目标、课程方案可行性及课程内容等诸多方面进行评价，我们主要安排在课程实验阶段进行，并邀请课程专家与布艺非遗艺人参与其中。

（1）课程目标与教学目标的评价

课程目标与教学目标的实现可能需要经过一些预备学习和研究。针对"鑫动"布艺劳动课程，需要明确目标能否进行量化与衡量。教师需要将目标分解为任务和步骤，以在分阶段实施和达到目标方面发挥作用。这需要结合教育资源与实践的情况，包括布艺知识等技能的具体实现方法。

（2）教学方案可行性的评价

教学方案的可行性评价包括教学环境、教育资源、时间和成本等方面。这需要教育者或导师确保所有的资源都足够满足教学需求，也需要在教学环境中制订合适的计划与方案。如果需要采用特定的设备或教育资源，那么需要在教学实施前就安排好。

（3）课程内容评价

课程内容评价需要了解布艺技术以及相关的现代技术应用和人文价值，同时要结合学生的目标和需求评估课程内容是否具有前沿性、可实践性和有效性，以满足学生的实际需求。需要确保所提供的知识能够切实应用，并最大限度地提高学生的技能，以实现他们的学习目标。

评价可采用的方法和工具包括教学方案的范围与教育资源评估、学生教育体验评估等。此外，可以通过教材和教具、布艺工艺品展览、学生成果展示等形式来评估课程执行的效果和教学方法的可行性。

2. 课程实施中的评价

这个阶段的评价即"过程性评价"，主要针对课程实施过程中是否存在问题，例如，课程活动是否按计划得到实施，是否以有效的方式利用课程资源等。这一阶段的评价是一种多主体协同评价状态，包括学校课程研究小组、非遗艺人、教师、学生、家长等。这是一种相对主观的评价，被评价者要能在课程实践中充分表现自己的能力和素养。评价方式主要有：

（1）观察评价

教师需要在课堂上密切关注学生的学习状况，并随时记录学生的表现。观察评价可以帮助教师及时发现问题，并提供必要的支持和指导。

（2）群体讨论与反馈

可以利用小组讨论、课堂讨论等形式，让学生自发地发表意见、提出建议，并将这些反馈及时整合，以确定需要改进的课程部分。

（3）学习项目实践

课程实践是课程过程性评价的核心环节。学生需要在实践中完成指定的任务，教师可以根据学生的工作成果来评价学生的实践能力和对布艺知识的掌握程度。

（4）个人与集体作业评价

教师可以通过批改作业、测试等方式评价学生的学习效果，同时让学生相互评价。这种评价可以直接给学生反馈，帮助他们知道自己的差距与优势。

（5）家长评价

家长可以就子女在课堂上的表现提供反馈和建议。家长对子女学习情况有经验，对学生的表现有特殊的期望和要求，可以在一定程度上增强教师对学生表现的了解。

评价等级：低、中年级可以采用星级（最高五星）评价，高年级可以采用等级评价（合格、良好、优秀）。

每位同学每节课有一张评价卡，活动结束后，学生在卡上记录下自己在课堂上的收获，接着小组同学之间相互评价，再由教师、家长分别评价。（见表3-2）

表 3-2 "鑫动"布艺课程评价记录卡

姓名		活动内容	
自评	我学到了什么?_____ 我做得好的有哪些?_____ 我不满意的地方是什么?_____		
互评	 签名:		
师评	1.优秀 ☐　　2.良好 ☐　　3.合格 ☐　　4.不合格 ☐		
家长评			

3. 课程实施后的评价

这个阶段的评价也叫做成果评价，主要是测量、判断课程的成效。即"鑫动"布艺课程规划方案在一个学期或一个学年实施结束后所取得的成效和存在的不足。评价主题也是多元的，包括上级主管部门、教师、学生及其家长。具体采用的评价方法有：档案袋评价、问卷调查法、观察与访谈、利用网络平台等。

（1）档案袋评价

档案袋评价是将学生在学习过程中的各类表现进行记录分类，以及对学生学习成果进行总结。评价内容包括成长记录手册、作业记录、实践成果等。这可以帮助学校更好地了解学生的学习状况。

（2）问卷调查法

问卷调查法是收集师生的反馈的有效方法之一，可以采用线上问卷、小组讨论、座谈会等形式进行；主要目的是了解学生、家长和教师对布艺课程的看法，其反馈可以帮助教师和学校了解课程实施的效果，以便更好地评价课程和教学质量。

（3）观察与访谈

教师和观察员可以通过课堂观察参与的方式确定教学效果和指导内容。观察员可以进入课堂观察和记录，然后进行小组讨论、个别评价，或利用学生讨论组来收集反馈意见。

（4）利用网络平台进行评价

可利用网络平台获取学生的作品信息，借助学校微信公众号展示学生作品，并且进行"我最喜爱的作品"投票活动。这种方式能够鼓励学生的创意和创新，使学生更加积极地参与其中，也能让家长及更多的人参与到课程的评价当中来。

第四章
"鑫动"课程的拓展实践，匠心独运展风采

劳动是一种美，是一种发自内心的创造力。而"鑫动"课程，正如一股清风，点燃了孩子们心中的激情和创造力。在"鑫动"课程中，孩子们不再是被动的接受者，而是积极主动的探索者和实践者。他们用自己的双手创造出一个个令人惊叹的作品，展现出了自己独特的才华和风采。

这里没有束缚和限制，孩子们可以充分展现自己的想象力和创造力。他们可以选择自己感兴趣的方向，如布艺、种植、刺绣等，让自己的才华得到全面的发展。

孩子们在实践中学会尊重劳动、珍视劳动。他们明白了劳动不仅是一种技能，更是一种精神的追求和品质的体现。在"鑫动"课程中，每一个学子都可以找到属于自己的光芒，展现出匠心独运的才艺。

第一节 学科浸润

"鑫动"劳动课程旨在将不同学科的知识与劳动实践相结合，为学生提供一个综合性的学习环境，使他们能够在实践中全面发展。

在"鑫动"劳动课程中，不同学科的知识被融入劳动实践中，并以实际应用为导向。教师会结合学科知识的特点和实际需求，设计和组织相关的劳动活动。例如，在种植劳动中，学生除了学习有关植物生长和养护的生物学知识外，还需要运用数学知识计算土地面积和施肥量。在布艺劳动中，学生不仅可以学习到有关印染材料和手工制作的技巧，还可以结合数学知识进行布料的测量和裁剪。他们需要运用几何和数学计算来确定布料的尺寸、角度和纹样的排列等。通过这样的综合实践，学生能够深入理解学科知识的应用价值，提高学习的实际效果。

学科浸润的目的是培养学生的综合能力和创新精神。劳动实践提供了一个实践平台，使学生能够主动参与、动手实践，并通过实践中的问题解决与创新，培养出创新思维和解决问题的能力。通过与不同学科的知识交织，学生能够运用多元的知识和技能，更好地应对现实生活中的复杂问题，锻炼出综合思考和解决问题的能力。

同时，学科浸润也有助于培养学生的跨学科思维和学习兴趣。当学生将不同学科的知识结合起来解决实践问题时，他们会主动去探索和学习其他学科的知识。这样的学习过程促使学生发展出跨学科思维和对学科知识的整体认知，培养出对知识的探究和学习的兴趣。

一、与语文学科的浸润

劳动课程可以与语文学科的相关知识进行浸润。例如，在布艺制作中，学生可以通过创作来表达自己的想法和情感。他们可以用文字描述作品，用语言来传达艺术的意义。这样的实践不仅培养了学生的艺术创作能力，还提升了他们的语言表达和沟通能力。

劳动课程与语文学科进行学科浸润的意义是多方面的。首先，通过将语文知识与实践活动相结合，可以提高学生的语文素养。在劳动课程中，学生需要进行观察、记录、交流等活动，这都需要运用语言进行沟通和表达。通过实践的过程，学生会不断锻炼语文能力，提升阅读理解、写作和口头表达等方面的技能。其次，劳动课程的浸润也能够培养学生的实践技能，而且劳动课程注重实际操作和动手能力的培养。通过与语文学科的结合，学生可以学到如何运用所学的语文知识在实际操作中解决问题。例如，在制作手工艺品的过程中，学生需要阅读图纸、解读操作步骤，同时还需要进行实际操作。这样的实践过程不仅能够提高学生的实践技能，还能够培养他们的创新思维和动手能力。

在"鑫动"劳动课程中，语文学科的浸润通过以下几种方式实现：

1. 读写实践

劳动课程中的实践活动可以为学生提供进行读写实践的机会。例如，在种植活动中，学生可以观察植物生长的过程并记录下来，写成观察报告。这样的实践活动不仅锻炼了学生的观察和记录能力，还提高了他们的写作能力。

2. 阅读材料

劳动课程中的实践项目可以结合相关的阅读材料，帮助学生了解相关背景知识。例如，在制作布艺文创作品的过程中，学生可以阅读与传统布艺相关的文章、图书或资料,了解其历史、文化背景等。通过阅读材料,学生不仅扩展了知识面,还提高了阅读理解和综合分析能力。

3. 说话表达

劳动课程中的合作实践可以培养学生的口头表达能力。例如,在团队合作中,学生需要与他人进行交流、沟通和协调,表达自己的想法和意见。这样的实践促使学生积极参与到团队讨论中,提高他们的口头表达能力和团队合作能力。

4. 文学作品应用

劳动课程可以结合文学作品,帮助学生理解和应用文学知识。例如,在葫芦研学中,学生可以根据文学作品中的描述,制作与作品中角色相关的物品。通过将文学作品与实践结合,学生能够更深入地理解文学作品的情节和主题,并将其应用到实际操作中。

通过劳动课程与语文学科相关知识的浸润,学生不仅能够继续学习语文知识,还能够将其应用到实践中,提高语言表达和沟通能力。同时,这种综合性学习环境也促进了学生的跨学科思维和创新能力的培养。

教学案例4-1:"传统布艺"

一、课程目标

1. 了解传统布艺的历史、文化和技艺,培养对传统文化的兴趣和理解。

2. 培养学生的观察力、想象力和创造力,提高他们的实践动手能力。

3. 提升学生的语文素养,通过实践活动培养他们的阅读理解、写作和口头表达能力。

二、教学过程

(一)导入

在课堂上展示一些传统布艺作品,引发学生对传统布艺的兴趣。教师可以用口语和文字简单介绍作品的背景和制作技巧，鼓励学生观察并提出问题。

（二）知识讲解

通过讲解传统布艺的历史和文化背景，引导学生了解不同地区和民族的传统布艺技法。同时，教师可以辅以图片、视频和实物展示，生动形象地介绍布艺的制作过程和技巧。

（三）实践活动

1.设计规划：学生根据老师的指导，选择一个布艺项目，并进行设计规划。教师可以引导学生进行主题选择、设计图案和颜色搭配，培养学生的创新思维和审美能力。

2.技法学习：教师讲授传统布艺的基本技法，如纺织、染色、编织等。学生可以观看教师的示范，然后自行尝试，通过实践掌握相关技巧。

3.制作过程：学生根据自己的设计规划和技法学习，开始制作传统布艺作品。教师可以分组指导学生，解决他们在制作过程中遇到的问题，并提供必要的材料和工具。

4.制作反思：在制作过程中，教师鼓励学生进行反思和总结。学生可以回答一些问题，如制作过程中的挑战，自己的创新点以及改进的建议。

（四）学生展示和分享

1.学生展示：学生在课堂上展示自己制作的传统布艺作品。教师和同学们可以观摩作品，欣赏学生的创作成果，并肯定其成果，提出建议。

2.分享体验：学生可以口头分享自己的创作心得和制作过程。教师可以提供一些引导问题，帮助学生表达自己的思考和感受，如作品的灵感来源、技术难点的突破等。

（五）总结

教师对本节课的教学过程进行总结，回顾学生在实践活动中运用到的语文知识和技巧。教师可以引导学生思考如何在实践活动中加深对传统文化的理解和对语文知识的应用。

（六）作业

让学生撰写一篇作品评论或心得体会，让他们加深对所学知识的理解和运用。教师可以提供写作指导，如：如何描述作品的细节，如何表达自己对作品的感受等。

三、评价方式

1. 参与度评价：观察学生在实践活动中的积极参与程度。

2. 作品评价：评价学生制作的传统布艺作品的创意、工艺和完成度。

3. 语文素养评价：评价学生在作品展示和分享中的口头表达能力和语言运用能力。

四、延伸拓展

1. 可以邀请传统布艺艺人或文化传承人来校进行传统布艺的讲解和实践活动，进一步加深学生对传统文化的理解和体验。

2. 可以将学生的作品进行展览，与其他学校或社区进行交流和展示，扩大学生的影响力，提供更多的创作机会。

【教学思考】

通过以上教学过程，劳动课程与语文课程相互融合，实现了多元化的教学目标。劳动课程使学生亲身参与制作传统布艺作品，培养他们的实践动手能力和创造力。语文课程则通过阅读、写作和口头表达，提升学生的语文素养和表达能力。同时，劳动课程中的制作过程也激发学生对传统文化的兴趣，促进了学生对传统文化的理解和尊重。通过这种融合教学的方式，学生能够全面发展并得到更丰富的学习体验。

二、与数学学科的浸润

在劳动课程中融入与数学相关的知识和技能，可以帮助学生提升数学学科素养。这意味着将数学的概念、原理和技巧应用到实际的劳动任务中，使学生能够在实践中更好地理解和运用数学。例如，在葫芦研学课程中，学生需要种植和制作葫芦。在这个过程中，学生需要进行测量和计算，包括计算葫芦的生长高度、周长和体积，以及计算种植的间距和数量。这涉及长度、周长、体积等数学概念和技巧。通过这样的实践应用，学生不仅能够掌握测量和计算的技能，还能够深入理解数学的概念和原理。

将数学融入劳动课程，不仅可以增加学生对数学的实践应用和兴趣，还能够培养他们的创新思维、解决问题的能力和团队合作能力。这种综合的学习方式可以加深学生对数学的理解和掌握，提高他们的数学学科素养，并为他们未来的学习和职业发展打下坚实基础。

1. 实践应用

劳动课程提供了实践应用数学知识的机会，让学生能够将课堂上所学的抽象数学概念与日常生活中的实际问题相结合，不仅为学生提供了更深入的学习体验，更重要的是培养了他们的逻辑思维和解决实际问题的能力，提高了学生对数学的兴趣，有助于学生自信心的增强。

2. 跨学科思维

劳动课程与数学学科的融合教学可以培养学生的跨学科思维能力。学生在制作过程中，需要综合运用数学、创意、实践等多种知识和能力，培养解决问题的能力和创新思维。同时，学生也能够将数学知识与实际生活联系起来，增强数学学科在现实世界中的意义和应用。

3. 提高对数学的兴趣

劳动课程中的数学浸润能够激发学生对数学的兴趣。传统的数学教学往往以纸上计算为主，容易让学生感到枯燥和乏味。而通过与劳动课程融合，学生可以在实践中体验到数学的应用和乐趣，激发他们对数学的兴趣和学习动力。

4. 培养综合素质

劳动课程与数学学科的融合教学能够培养学生的综合素质。学生在制作过程中需要进行思考、判断、分析和解决问题，这就培养了其逻辑思维、团队合作和创新能力。这些综合素质的培养对学生的全面发展和未来的职业发展具有重要意义。

教学案例4-2：葫芦的秘密

一、课程目标

1. 理解葫芦的生长过程和特点，培养学生对农业和植物生长的兴趣。

2. 掌握数学中与葫芦相关的概念和技能，如测量、计算周长和体积等。

3. 提高学生的观察力、分析能力和解决问题的能力。

二、教学准备

葫芦种子、种植工具、测量工具（尺子、量杯等）、计算器、纸、笔、相关的教学资源、图书。

三、教学过程

（一）导入

1. 引入课程主题，介绍葫芦的特点和用途，激发学生对葫芦的兴趣。

2. 提问学生是否知道葫芦的生长过程，引发学生思考。

（二）探究葫芦的生长过程

1. 分发葫芦种子和种植工具，让学生亲自参与葫芦种植。

2. 引导学生观察葫芦的生长过程，记录观察结果，并讨论葫芦的生长需要哪些条件和环境。

（三）测量葫芦的周长

1. 让学生选取一个已经成熟的葫芦，使用尺子测量葫芦的周长。

2. 引导学生通过测量数据，计算葫芦的周长，并让学生分享自己的计算过程和答案。

（四）计算葫芦的体积

1. 引导学生思考如何测量葫芦的体积，并提供测量工具。

2. 学生使用量杯或其他容器测量葫芦的体积，并将结果记录下来。

3. 帮助学生理解体积的概念，并引导他们通过计算或估算得出葫芦的体积。

（五）应用数学解决问题

1. 提供一些与葫芦相关的实际问题，例如：将葫芦制作成容器，能够容纳多少水？

2. 引导学生应用已学的数学知识和技能解决这些问题，鼓励他们用图表、图形或文字解释自己的思路和答案。

（六）总结和展示

1. 概括葫芦研学的主要内容和学到的数学知识和技能。

2. 鼓励学生分享自己的观察、测量和计算结果。

3. 引导学生思考葫芦研学对他们的学习和生活有哪些启发和影响。

四、拓展活动

1. 学生可以进一步研究葫芦的其他数学应用，如计算表面积等。

2.学生可以制作有关葫芦研学的展板或报告,并与其他班级或学校分享。

五、教学评估

1.观察学生在课堂中的参与和表现。

2.检查学生的观察记录和计算结果。

3.评价学生在实际问题解决中的思考和解释能力。

【教学思考】

这个教学过程旨在通过将劳动课程与数学学科相互融合,为学生提供一个实际、具体的学习体验。通过葫芦研学活动,学生将能够亲自参与葫芦的种植和观察,从而深入了解葫芦的生长过程和特点。同时,他们将学习数学中与葫芦相关的概念和技能,并通过实际操作和计算来应用这些知识。

在测量葫芦的周长和体积的过程中,学生将学会使用尺子和量杯等测量工具,并运用数学计算来求解周长和体积。这将提高他们的观察力、分析能力和解决问题的能力。学生不仅需要运用数学知识,还需要运用逻辑思维和推理能力来解决实际问题,如计算葫芦容器能够容纳多少水等。

通过这个教学过程,学生并非被动地学习数学知识,而是通过实际操作和应用来理解和掌握这些知识。他们将亲身体验劳动的乐趣和成果,培养对农业和植物生长的兴趣。同时,他们也将学到劳动与数学学科相互融合的重要性,以及劳动和数学在日常生活中的应用价值。

三、与科学学科的浸润

劳动课程与科学学科的融合教学具有重要的意义,可以为学生提供全面的科学学习体验,促进他们对科学知识的深入理解和实践运用,培养科学思维和实验技能,以及提高解决实际问题的能力。

1. 实践与理论相结合

劳动课程提供了丰富的实践机会，让学生能够在实际操作中观察、开展实验和探索科学现象与原理。以染料作物种植实践为例，学生可以通过仔细观察植物的生长状况，了解植物的生态需求和生长机制。这样的实践活动将科学理论与实际操作相结合，对学生深入理解科学知识的实际应用起到了重要作用，并培养了他们的科学思维和实验技能。

在植物栽培实践中，学生可以借助劳动课程提供的机会，通过观察不同环境条件下植物的生长状况，探索植物所需的光照、水分、温度等生长因素对其生长的影响。学生还可以设计简单的实验，改变这些生长因素的条件，以观察其对植物生长的影响。通过这样的实践经验，学生不仅能够深入理解植物生长的生态需求和生理原理，还能够培养科学思维，如观察、提问、假设、实验和推理等，以及实验技能，如实验设计、数据收集与分析等。

将实践与科学理论相结合，劳动课程为学生提供了一个探索科学知识的平台。通过实际操作和实验，学生能够亲身体验科学的本质，从而更加深入地理解科学现象和原理。

2. 跨学科的学习体验

劳动课程与科学学科的融合教学能够为学生提供跨学科的学习体验。在实践中，他们不仅能学习劳动技能，还能将学科知识与实际操作相结合，形成系统的学习认知，提高学科学习的综合能力。

例如，学生在参与种植蔬菜的实践活动时，需要了解的知识涉及多个学科。他们需要了解土壤的组成和特性，学习植物的生长需求，掌握肥料的选择和使用方法。这不仅需要他们掌握生物学和化学的知识，还需要他们运用数学知识计算土壤的养分含量和植物的生长速度。

在手工制作的实践中，学生需要运用几何学知识测量和绘制图案，了解不同材料的性质和用途，运用物理学知识选择合适的工具和材料。通过这样的实践活动，不仅能够使他们加深对各学科知识的理解，还能够培养其逻辑思维、创造力和动手能力。

3. 培养科学思维和实验技能

首先，劳动课程中的实践活动为学生提供了开发科学思维和提高实验技能的机会。通过这些实践活动，学生需要进行观察、提问、推理和实验，培养科学思维和实验技能。在植物栽培的实践中，学生可以通过实验来调整植物的光照和施肥条件，观察植物的生长变化。在这个过程中，学生需要提出问题，例如：不同光照水平对植物生长的影响是什么？不同施肥量对植物生长的效果有何差异？通过提出问题，学生能够培养批判性思维和探究精神。

其次，学生需要运用科学知识和推理能力来假设和解答这些问题。他们可以根据已有的科学理论和实验结果，提出假设，并推断出预期的结果。例如，他们可能会假设较强的光照会促进植物的光合作用和生长速度，或者假设适量的施肥会提供植物所需的养分，促进生长。通过这样的推理过程，学生能够加深对科学原理的理解，并培养逻辑思维和推理能力。

再次，学生可以通过实验来验证他们的假设。他们可以设计实验的步骤和变量，收集并记录相关数据。例如，他们可以设置不同光照强度或施肥量的实验组和对照组，并在一定时间内观察和测量植物生长的不同指标，如高度、叶片数量等。通过实验，学生能够学到实验设计、操作技巧和提升数据分析的能力，并将科学理论应用到实际问题中。

最后，学生需要对实验结果进行分析和讨论。他们可以比较实验组和对照组的数据，并解释观察到的生长变化。学生可以探究实验结果与他们最初的假设是否一致，以及可能存在的原因或影响因素。通过这样的数据分析和讨论，学生能够进一步加深对科学原理的理解，能够培养学生的批判性思维和解决问题的能力。

4.培养解决问题和创新的能力

劳动课程与科学学科的融合教学为小学生提供了培养解决问题和创新能力的机会。在实践中，学生会面临各种挑战和难题，例如如何改善植物生长效果或解决病虫害问题。通过运用科学知识和方法，学生能够获得解决问题和创新的能力，实现综合素质的提升。

教学案例4-3：绞股蓝种植环境的研究

一、教学目标

1.了解绞股蓝的基本特征和生长环境需求。

2.了解绞股蓝的种植技术和管理方法。

3.培养学生的实践能力和科学观察能力。

二、教学准备

教师准备绞股蓝种子、土壤、盆、测温仪、湿度计等材料和工具，准备介绍绞股蓝的相关资料，准备展示绞股蓝的生长过程的图片或实物。

三、教学过程

（一）导入

教师可以通过展示绞股蓝的图片或实物，向学生介绍绞股蓝的外观特征和药用价值。教师可以通过提问了解学生对绞股蓝的了解程度，并引导学生思考绞股蓝的适宜生长环境和生长需求。

（二）知识讲解

教师向学生讲解绞股蓝的种植技术和管理方法，包括土壤的要求、光照和温度的适宜范围、湿度的控制等科学知识。教师可以借助幻灯片或黑板板书，详细介绍绞股蓝的生长环境需求和种植技术。

（三）实践操作

学生分组进行实践操作。教师为每个小组准备绞股蓝种子、土壤、盆、测温仪、湿度计等材料和工具。教师指导学生逐步进行绞股蓝的种植，包括选择合适的土壤、调整光照和温度、控制湿度等。

学生按照教师的指导，选择合适的土壤，可以是腐殖质丰富的土壤或培养土。然后将土壤放入盆中，适当湿润。接下来，学生将绞股蓝种子均匀撒在土壤表面，然后轻轻覆盖一层薄土。最后，学生把盆栽放置在适宜的光照和温度条件下，并使用测温仪和湿度计监测和调整环境参数。

（四）观察和记录

学生观察绞股蓝的生长情况，并记录每个环境因素的变化和绞股蓝的生长反应。学生可以记录绞股蓝的生长速度、叶片的颜色和形态、植株的高度等数据，并同时记录环境因素如温度、光照强度、湿度等的变化情况。

（五）分享和讨论

学生将自己的观察和实验结果进行分享。每个小组可以轮流展示自己的观察记录和实验结果。教师组织学生进行讨论，分享各自的观察和体验。鼓励学生提出问题，并引导他们思考绞股蓝与环境因素之间的关系。

（六）总结

教师总结本节课的内容和学习收获，强调学生在实践操作中观察到绞股蓝对环境因素的响应，并鼓励他们将这些观察结果与科学知识相结合。教师可以引导学生总结出绞股蓝的适宜生长环境和生长需求。

（七）课后反思

教师引导学生进行课后反思，让学生回顾本节课的学习过程和收获；鼓励学生思考如何将学到的知识和观察能力应用到实际生活中，例如在家庭花园中种植绞股蓝或其他植物。

四、教学评估

1.观察学生在实践操作中的表现，包括对绞股蓝种植技术的掌握和对环境因素的观察能力。

2.收集学生的实验记录和书面反思，评价学生的实践能力和科学观察能力。

3.通过讨论和问答的方式，评价学生对绞股蓝的理解和对环境因素与植物生长关系的认知能力。

五、教学延伸

学生可以进一步扩展研究绞股蓝在不同环境条件下的生长情况，探究绞股蓝对温度、光照、水分等因素的适应性。学生还可以进行其他植物的种植环境研究，比较不同植物对环境因素的响应。此外，学生还可以了解绞股蓝的生物学特性和药用价值，拓展对绞股蓝的认识和理解。

【教学思考】

在本案例中，学生们不单是掌握了如何种植和管理绞股蓝的实际技术，同时也探究了影响绞股蓝生长的各种科学因素，比如适宜的土壤条件、光照、温度范围及湿度控制等。通过将劳动实践与科学知识的融会贯通，学生能更全面理解并运用他们所学的知识。此外，学生亲自参与绞股蓝的种植活动，通过观测与记录，体验植物如何对不同环境变量做出响应，这不仅是劳动教育的实际操作，也是科学研究方法的应用，深化了他们对绞股蓝生长与环境关系的直观认识。

通过劳动学科与科学学科的融合教学，学生不仅能够掌握绞股蓝的种植技术，还能够理解绞股蓝与环境因素的关系，并将所学知识应用到实际生活中。这种融合教学方式能够促进学生的综合能力发展，培养学生的实践与科学思维能力，提高学生的学习兴趣和学习效果。

四、与艺术学科的浸润

劳动课程与艺术学科的浸润可以为学生提供一个创造性的学习环境。通过将与艺术相关的知识和技巧融入劳动课程中，培养学生的审美意识、创造力和表达能力，学生能够在实践中体验艺术创作的乐趣。

劳动课程与艺术学科的浸润可以发生在不同的实践活动中，例如绘画、手工艺、设计和表演等。在劳动课程中融入艺术学科相关的知识和技巧，可以使学生在实践中体验到艺术创作的过程，激发他们的创造力和自我表达能力。

以"布艺扎染"课程为例，学生在课程中可以学习有关布艺的基本知识和技巧，如材料选择、染料配比、扎染技法等。同时，他们还可以学习关于色彩理论、图案设计和艺术构图等艺术学科的知识。通过学习和实践，学生能够将这些艺术学科的知识应用到布艺扎染的创作过程中。

1.创意与设计的培养

通过劳动课程与艺术学科的浸润，能够培养学生的创新思维和设计能力。在实践活动中，学生可以尝试不同的创意和设计方案，例如在"布艺扎染"课程中设计独特的图案和纹样。他们需要运用艺术学科的知识，如色彩搭配和形式构图，来创造能表达自己想法的布艺作品。通过这样的创造性实践能够培养学生的创新思维和设计能力，并使他们体验到创作的乐趣。

2.审美意识的培养

劳动课程与艺术学科的浸润还有助于培养学生的审美意识。通过接触和参与艺术创作的实践，学生能够学习欣赏艺术作品，理解艺术元素和艺术形式的表达。在"布艺扎染"课程中，学生需要运用艺术学科的知识，如色彩、形式和纹理等，来创作各种图案和纹样。通过分析和评价自己和他人的作品，学生可以逐渐获得对艺术的敏感性和审美意识，提高对美的感知和欣赏能力。

此外，在布艺扎染的实践中，学生还可以将所学知识与其他学科知识进行跨界融合。例如，他们可以运用数学知识来计算染料的配比比例，运用几何学知识来设计图案的对称性和平衡性。这种跨学科的学习体验可以帮助学生将学科知识进行整合，形成综合学科的学习认知，提高他们的综合能力并增加其对学科学习的理解深度。

"布艺扎染"课程作为一个例子，展示了如何将艺术学科的知识和技巧融入劳动课程中进行创作的实践。这样的浸润可以丰富学生的学习经验，激发他们对艺术和创造的热爱，培养他们的综合素养。

教学案例4-4：布艺扎染

一、教学目标

1. 了解布艺扎染的历史、文化背景和基本技术。

2. 掌握布艺扎染的基本工具和材料的使用方法。

3. 学习布艺扎染的基本染色技巧和图案设计。

4. 培养学生的创造力和审美观念。

5. 通过实践操作和创作，提高学生的动手能力和艺术表达能力。

二、教学准备

1. 布艺扎染材料：白色布料、染料、绳子、橡皮筋等。

2. 扎染工具：扎染棒、刷子、海绵等。

3. 图案设计工具：铅笔、彩色纸、剪刀、胶水等。

4. 展示资料：布艺扎染的图片、样品等。

5. 安全措施：手套、围裙等。

三、教学过程

（一）引入

教师通过展示布艺扎染的图片和样品，引起学生对扎染艺术的兴趣，并讲解扎染的历史和文化背景。

（二）知识讲解

教师介绍布艺扎染的基本工具、材料和技术，讲解染料的使用方法、不同图案的设计技巧以及扎染的染色步骤。

（三）实践操作

1. 学生选择自己喜欢的布料，并在布料上使用铅笔勾勒出自己喜欢的图案。

2. 学生使用橡皮筋或绳子将布料扎成不同的形状，以保留部分区域未染色。

3. 学生根据自己选择的染料颜色，将染料溶解在水中，然后使用扎染棒、刷子或海绵将染料均匀地涂抹在布料上。

4. 学生等待染料干燥后，可以根据需要再次染色或调整染色效果。

5. 学生完成染色后，将布料晾干，并使用熨斗将布料定型，以保持染色效果。

（四）创作展示

学生将自己的扎染作品展示给全班同学，并分享自己的创作过程和心得。

四、评估方式

1. 个人评估：学生可以完成一份自评表，评估自己在课程中的学习进展、技巧掌握和创作能力等方面的表现。

2. 同伴评估：学生可以互相评估和分享自己的扎染作品，并提供建设性的意见和反馈。

3.教师评估：教师可以观察学生在实践操作和创作过程中的表现，并根据学生的作品和表现进行评估。

五、教学延伸

1.布艺扎染的应用：引导学生思考和探索布艺扎染的应用领域，如家居装饰、服装设计等，鼓励学生进行创新设计和实践操作。

2.参观扎染工坊或艺术展览：组织学生参观扎染工坊或艺术展览，让学生亲身体验和欣赏扎染艺术的技巧和创意，激发学生对艺术的兴趣和热爱。

3.学生合作项目：组织学生进行布艺扎染的合作项目，让他们在团队合作中学会学习和分享，提高协作能力和创造力。

【教学思考】

通过以上的教学过程，学生可以在实践中学习和掌握布艺扎染的基本技术和创作方法，同时培养创造力、合作意识和审美能力，能够在布艺扎染领域中展示自己的才华和创意。

首先，劳动学科注重实际操作和技术能力的培养。在布艺扎染的实践操作中，学生需要使用不同的工具和材料，运用染色技术和创作方法，通过实际操作来掌握和应用相关技能。这种实践能够培养学生的动手能力、空间认知能力、手眼协调能力等，提高他们在实际工作中的操作技巧和效率。

其次，艺术学科注重审美能力和创造力的培养。在布艺扎染的创作过程中，学生需要选择布料、设计图案、调配颜色等，通过创造性的思维和艺术感知力来完成作品的创作。这种创作能够培养学生的审美意识、艺术表达能力和创新思维能力，激发他们对美的追求和创造的热情。

通过劳动学科与艺术学科的融合教学，学生可以在实践中综合运用各学科的知识和技能，培养综合能力和综合素质。这种综合性的学习能够促进学科之间的互动和交流，拓宽学生的知识视野和能力边界。

第二节 主题拓展

在"鑫动"劳动课程体系中,为了实现"面向全体、彰显个性、培养兴趣、开发潜能"的宗旨,特别开设了精彩纷呈的"鑫星"社团课程。这些社团课程旨在鼓励学生参与多样化的活动,培养他们的个人特长和兴趣爱好,并帮助他们发掘和开发自己的潜能。

"鑫星"社团课程是"鑫动"劳动课程体系中重要的组成部分,它提供了丰富多样的选择,以满足学生的个性化需求和兴趣爱好。无论学生是对音乐、舞蹈、绘画、手工艺、体育还是其他领域有兴趣,他们都能够在这些社团课程中找到适合自己的活动。

通过参与"鑫星"社团课程,学生能够发掘和培养自己的个人特长。比如,对于喜欢绘画的学生,他们可以加入扎染社团、扎染文创社团。社团不仅有助于学生继续提高自己的绘画技能和创作能力,还能够培养他们的创新思维、团队合作和文化意识。这样的社团课程为学生提供了一个全面发展的平台,让他们在绘画与文创领域中绽放自己的光芒,培养、发掘出独特的艺术特长和创作潜力。

"鑫星"社团课程的开设对学生的全面发展和个性培养至关重要。它们给予学生展示自己、锻炼自己和发现自己的机会。这不仅为学生提供了多样的学习体验和发展空间,也为他们的未来发展打下了坚实的基础。通过参与"鑫星"社团课程,学生能够发掘自己的潜能,开发自己的才能,与志同道合的同学一起成长,并成为全面发展的、有自信心和自我认知的个体。

在"鑫小"的缤纷社团课程中,老师们将日常生活中的必需技能带到课堂,让学生积极地投入实践劳动,将知识转化为能力,并在活动中培养学生正确的劳动价值观和良好的劳动品质。"鑫星"社团课程真实再现了手动、身动、脑动、心动、情动,让学生学习更好地回归校园,助力学生欣然生长。

一、扎染社团

中国布艺是中国非物质文化遗产中的重要组成部分,是我国民间艺术的珍品之一。"鑫小"自建校以来一直开展与民间布艺相关的实践研究。以布为原料,我校师生共同演绎着扎染布艺、蓝印花布、文创布艺和非遗民间布艺项目。学校采取全员师生共同参与、体验、学习民间布艺非遗项目,从而提高师生们的动手动脑能力,提升师生们的审美素养与文化自信。经过十几年的民间布艺实践研究和开展相关的民间布艺活动,"鑫小"师生们对民间布艺的热爱与日俱增,创作出一幅幅独具特色的扎染布艺、蓝印花布、文创布艺作品,方寸之间点线面交错,蓝与白的世界里民间艺术文化的种子、传承非遗的信念悄悄地在全体师生心中生根、发芽。自 2013 年以来,非遗民间布艺文化活动在"鑫小"就一直持续开展,有着扎实的基础和悠久的历史。经过 10 年的扎染实践研究和开展相关的扎染活动,非遗扎染文化已融入校园的方方面面,师生共同手动、身动、脑动、心动、情动,从而创作出属于我校师生的别样扎染作品。学生们对非遗扎染文化的热爱与日俱增,提升了审美素养和文化自信(见图 4-1)。

扎染社团的成立旨在为学生提供一个展示才华、发展创造力和培养团队合作能力的平台,希望通过扎染艺术的学习和实践,激发学生对艺术的热爱与兴趣,培养他们的劳动技能。

图 4-1 扎染社团学生展示自己的扎染作品

在扎染社团中,学生将学习和掌握各种扎染技法和方法,了解如何选择合适的布料和染料,培养创作独特纹样和图案的能力。社团成员将通过参加各种课程和工作坊,与导师和其他社团成员一起探索扎染的艺术魅力,并分享彼此的学习心得和经验。

扎染课程不仅仅是一堂堂技法课,更是通过全员参与植物种植、染料提取、缝扎布料、浸染花布等传统手工工艺,让扎染文化融入生活,让学生充分感受传统文化的魅力。每周固定时间段,各年级由同一个教师进行授课,一次上课时长为 1 小时。

扎染社团秉承着注重创意与个性的理念,鼓励学生在扎染艺术中展示自己的创造力和独特风格。社团活动旨在培养学生的艺术表达能力、创新思维和团队合作精神,为他们提供一个全面发展的平台。通过参与扎染社团,学生不仅能够掌握扎染技巧,还能够提高自己的艺术素养和劳动技能,为未来的学习和职业发展奠定坚实的基础。

学校还与当地非遗馆进行合作,学生通过小老师公益课堂在非遗馆中进行授课以及开展艺术展演活动;鼓励学生尝试练摊,将自己设计的扎染帽子、扎染本子、扎染文化用品等进行售卖,这一过程既可以肯定学生的创作价值,也能让更多的人了解扎染艺术的魅力,感受到扎染文化的精髓。扎染文化通过多样化宣传传播给更多的人,让更多的人了解扎染文化,喜爱扎染艺术,真正做到了传统文化的传承和在生活中的渗透。2023年6月,扎染社团参加了南京市文化和自然遗产日开幕仪式,"鑫小"的师生们将独具特色的扎染技艺和文创作品带到现场与大家分享、互动,受到了与会嘉宾的高度评价(见图4-2—图4-5)。

图 4-2 扎染社团向来宾展示扎染成果

图 4-3 "鑫动"布艺馆

图 4-4 扎染社团活动展台

图 4-5 南京市文化和自然遗产日现场展示

教学案例 4-5：四叶草

一、教学目标

1.学生通过欣赏，可以了解扎染中四叶草的制作方法，感知扎染中四叶草的纹理之美。

2.学生通过折、捆等方式，染出四叶草的纹样。

3.学生在制作中感知扎染中四叶草纹样的魅力，将大自然之美融入扎染艺术之中。

二、教学重点

能够用折、捆等方法绑出四叶草的基本样式。

三、教学难点

在折的过程中折的部分要均匀，皮筋要捆紧。

四、材料准备

白棉布、皮筋、染料。

五、教学过程

1. 把布浸湿（见图4-6）。

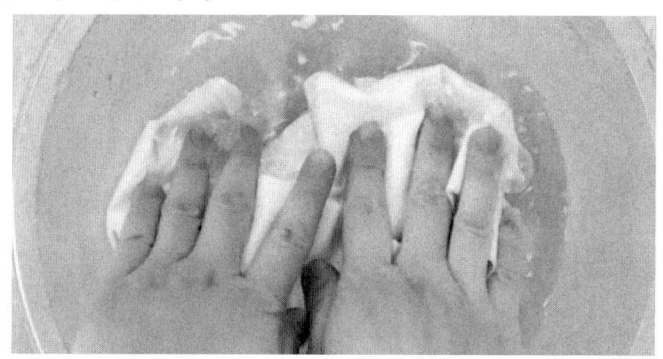

图4-6 浸湿棉布

2. 把布对折成长方形（见图4-7）。

图4-7 对折棉布

3. 再将棉布对折成正方形（见图4-8）。

图4-8 对折成正方形

4. 沿对角上下翻折成三角形（见图4-9）。

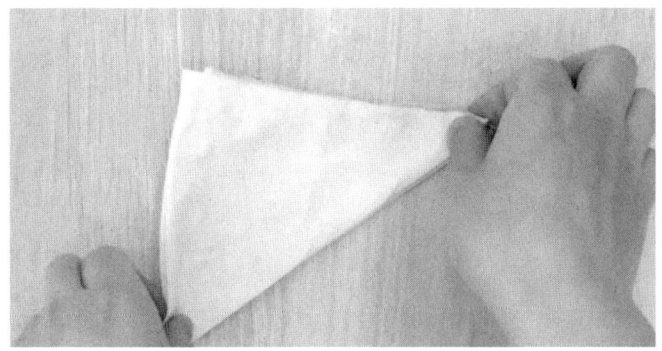

图4-9 折成三角形

5. 用剪刀划出一半爱心形（见图4-10）。

图4-10 划出爱心形

6. 沿着划出的线条将布向上呈风琴式折叠（见图4-11）。

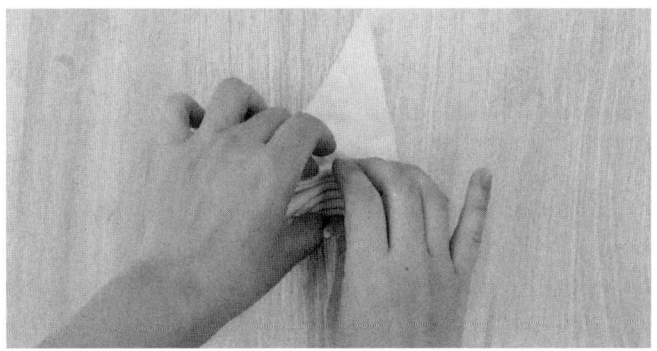

图4-11 风琴式折叠

7. 把皮筋捆在折痕处（见图4-12）。

图4-12 捆上皮筋

8. 放入染盆中浸染（见图4-13）。

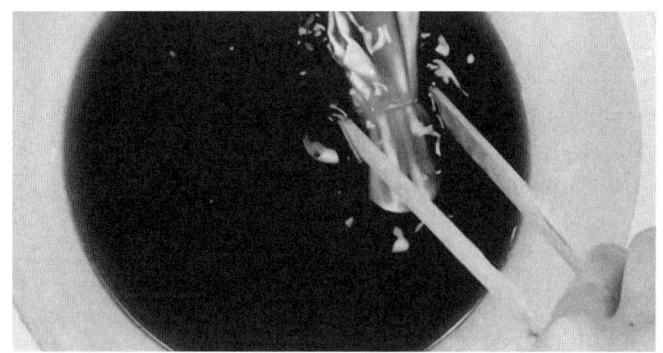

图4-13 将布浸入染盆中

9. 把布展开（见图4-14）。

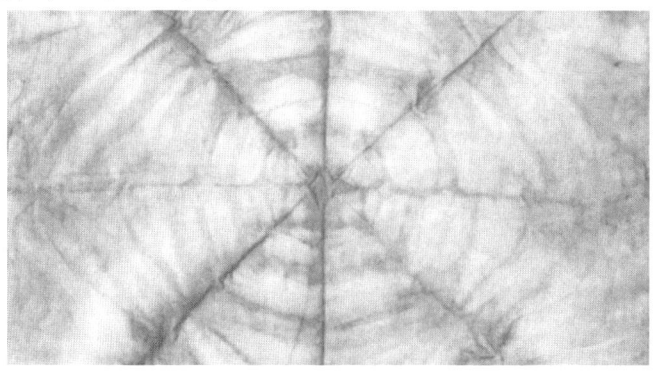

图4-14 成品

六、课后拓展

尝试用染出的四叶草造型做出美丽的扎染文创作品。

（案例提供者：王舒）

二、刺绣社团

刺绣，又名"针绣"，俗称"绣花"。以绣针引彩线（丝、绒、线），按设计的花样，在织物（丝绸、布帛）上刺缀运针，以绣迹构成纹样或文字，是我国优秀的民间传统工艺之一。"鑫小"刺绣社团聘请了南京市民间布艺非遗传承人高瑞雷大师为指导专家，以传承与发扬中国传统文化、工艺为宗旨，带领学生探寻刺绣的千般妙处（见图4-15），其中包括刺绣的审美识别、传统基本技法，致力于刺绣后继人才的培养，推进刺绣文化的传承与创新，弘扬卓越的中华传统文化。刺绣的学习和传承不仅培养了学生的创新精神和实践能力，更进一步激发了学生的爱国之情和强国之志，同学们用勤劳和智慧在一针一线中表达着对中华文化的无限热爱。通过一段时间的学习，学生已经能够逐步完成刺绣作品，笔袋、挂件、刺绣小动物栩栩如生。

图4-15 非遗传承人高瑞雷指导学生学习刺绣

三、扎染文创社团

苏联教育家苏霍姆林斯基说过:"儿童的才智反映在他们的手指尖上,只有让孩子在操作中动手、动脑、多种感官参与活动,才能使他们的智慧和能力得到最大限度的发展。"扎染文创社团成立以来,通过制作多种手工艺品,培养学生浓厚的学习兴趣。手工制作注重学生的手脑并用、手眼协调,每位同学从设计到制作,充分发挥才智和创意,别出心裁,精彩纷呈(见图4-16)。扎染作品不仅能够提升学生的审美能力,同时还能引导学生将扎染工艺应用于生活之中,用扎染工艺品点缀我们的日常生活。学生完成扎染作品后,可以在课堂中展示,也可以在校园"扎染艺术长廊"中展出这种方式。这种方式不仅可以丰富校园文化,还可以增加学生的学习信心,使学生对传统艺术有更加深刻的感知和认识。学校还带领学生参加区、市各级教育部门举办的艺术展演活动、学生艺术工作坊比赛,通过扎染作品的展示,展现学生的创作能力,使学生可以不断成长和进步。

图4-16 扎染文创社团学生用自己的扎染布料创作

四、智慧种植社团

"教育即生活。"劳动教育是同学们学习生活中不可缺少的一环。为了满足同学们对植物生长过程的好奇心,让他们亲身体验"春种一粒粟,秋收万颗子"的期待与惊喜,"鑫小"在科学老师的带领下,开办了智慧种植社团。社团致力于弘扬和发展古代劳动人民长期积累的经验成果和智慧结晶,通过感受物候节气、躬身种植实践、观察记录分析、归纳总结研究等方式,为同学们树立正确的劳动观念,形成必备的劳动能力,塑造基本的劳动品质。学校在每个教室不仅设立了种植角,还特意开辟了一块"XIN动农场",用于孩子们种植、探索、研究。我们将在小农场中播种捉虫,洒下汗水,收获甜甜的劳动果实(见图4-17)!在一次次"跟着节气学种植"的劳动实践中,孩子们走出课堂,播种希望、种植快乐、收获幸福,充分体会到劳动的魅力,同时养成了自食其力、踏实务实的品行,培养了专心致志、坚持不懈的品质,锤炼了勤奋、耐劳、肯吃苦的品格。

图4-17 智慧种植社团学生照料"XIN动农场"的植物

活动案例4-1：智慧种植社团活动

一、指导思想

为了丰富学生的劳动实践经验，了解科学家世代为我国植物改良所做的努力，深入领会"把种子攥在自己手里"这句话的涵义，"鑫小"特别策划了智慧农业研学实践活动。该活动让学生接触并学习水肥一体化、无土栽培、自动补光等先进农业技术，并通过智慧云平台监控农场运作的机会，促进学生的全面成长，提升学生的综合素质。

二、活动目标

1. 了解生态农业智慧种植；通过搜集、交流有关植物培育生长的资料，逐步了解并积累一些关于农作物、农业等方面的基本常识。

2. 培养学生的劳动观念、劳动技能和创新精神。

3. 培养学生的艰苦朴素、吃苦耐劳和团队协作精神，切实做到教育与劳动实践相结合，磨炼学生的意志。

4. 培养学生初步的搜集资料、综合处理材料的能力，提高、培养学生的实践能力与团结合作的精神，使他们学会互相帮助、互相学习、团结合作、共同进步，认识到小组合作的重要作用。

三、活动形式

1. 活动以红领巾社团（小队）为单位，在相应的实践活动区域内分成小组参与活动，进行实践体验活动。

2. 聆听《农场里的智慧大脑》讲座，了解智慧农业。展示智慧浇灌、无土栽培等模拟实践，并移栽一盆"吃不完"的蔬菜。

四、活动时间

2023年3月31日。

五、活动地点

丰硕欢乐农场（江宁区汤山镇）。

六、活动准备

1.教师提前做好学生的思想动员工作，必须制订好社团活动安全预案，确保活动的效果与安全。

2.活动前分好活动小组，注意培养小班干部，使他们在活动中可以帮助教师组织活动，成为教师的得力助手。

3.活动前对班级学生的健康状况进行排查，建议行动困难以及身体不适的学生不要参加。活动前进行纪律、安全、文明礼仪、环保意识教育。教育学生在团队活动中应互帮互助，团结协作。

4.教师准备相机、摄像机，记录下调查活动的相关资料。

七、活动方法及过程

第一阶段：活动的认识与组织阶段

1.激发学生的种植兴趣。通过多媒体课件的展示，学生观赏鲜艳夺目、枝叶茂密、果实累累的智慧种植园。

2.布置学习任务。通过搜集、交流有关智慧种植的资料，学生逐步了解并积累一些关于农作物、农业等方面的知识。

3.小组讨论、交流收集的资料、图片，互相学习和补充。

4.分小组。社团分成4个人一组，确定组长。由组长负责，组内讨论如何进行小组合作与分工。

第二阶段：学习实践阶段

1. 聆听传统种植、现代化种植的介绍。

2. 聆听《农场里的智慧大脑》讲座，了解智慧农业。展示智慧浇灌、无土栽培等模拟实践。

3. 小组实践活动：

（1）认一认种植浇灌、无土栽培技术等。

（2）讲清一种智慧种植方法的基本原理。

（3）由园区辅导员带领学生认识园区的总体布局。

（4）实践：利用无土种植技术，栽一盆"吃不完的菜"。

第三阶段：总结评价阶段

实践活动结束后，进行小组交流讨论，学生写下自己的感受与收获。

1. 由学生分组讨论交流。

（1）通过实践活动，你了解了什么？有什么收获？

（2）通过实践活动，你有些什么新的发现？有什么新的想法？

（3）评价自己小组分工合作的情况，你认为自己在活动中有什么优点和不足？

（4）每位学生分别写下每次活动的收获和活动反思。

2. 教师与学生一起评价作品，对好的作品与创新方案要给予鼓励和加分奖励，并举办专刊展览。

五、汉字体验社团

汉字是中华文明的瑰宝，是文化传承的纽带，是民族的灵魂。学好汉字是小学语文教学的重点。汉字体验社团的特点是通过领略汉字的演变过程，带领学生探寻汉字根源，做到知其所以然，从而爱上汉字，写好汉字（见表4-1）。

通过与文字有关联的手工体验活动、趣味游戏、历史典故等,锻炼动手能力,开发大脑,磨炼心性,培养学生的专注力和创造力(见图4-18)。以六书造字的原理去追根溯源,找到文字的古今含义,探究其演变历程。了解部首字根的原始含义和造字原理,因势利导,激发学生的探知欲。

表4-1 "汉字体验"社团课程规划表

课时	教学内容	教学重点
第一节课	1.汉字体验课程概述; 2.结绳记事起源; 3.趣味字解; 4.说文解字——攵与支。	1.通过参与性游戏让学生了解文字对于文明产生发展的重要性; 2.文和字的区别与规律; 3.姓氏起源与区别; 4.解读:攵与支; 5.结绳记事——"糸"字部。
拓展延伸	了解名和字的区别与联系,掌握规律,找出我们熟悉的古代名人,尝试用所学的规律、方法去记忆。	
第二节课	非遗体验——结绳艺术。	1.学打实用绳结——逃生结、八字结、渔人结; 2.学打艺术绳结——中国结。
第三节课	1.刻画符号与文字起源; 2.心流学习法; 3.刻画符号的历史遗存。	1.契、印、虎符解读; 2."心猿意马"解读、心理控制、定力概念、心流学习; 3.贾湖文化、双墩文化、良渚文化。
第四节课	1.非遗体验——剪纸; 2.刻画符号与古代吉祥纹样; 3.剪纸的起源与剪纸技巧; 4.武器类文字解读。	1.图案与吉祥纹样; 2.学习对折、三折、五折的折纸方法,剪出五角星、窗花; 3.解读:刀、戈、辨、兵、我。
拓展延伸	尝试实践"心流学习法";利用团花剪纸的方法,设计自己的图样;留心身边的吉祥图案和吉祥纹样。	

续表

第五节课	从三皇五帝到仓颉造字。	学习和了解三皇五帝和仓颉造字。
第六节课	1. 甲骨文的发现与辨别； 2. 说文解字——器皿类。	1. 学习相关的甲骨文知识和认识基础的甲骨文； 2. 解读：器、皿、盟、血、主。
第七节课	1. 青铜器的制作和用途； 2. 手工体验——制作"虎符"。	1. 了解钟、鼎； 2. 用模具亲手制作"虎符"。
拓展延伸	亲手制作虎符，做到耐心、细心；锻炼动手能力；明白"虎符"的用途及重要性。	
第八节课	1. 篆书的起源与分类； 2. 篆书的基本特点与书写； 3. 竹子的文化属性； 4. 竹简的历史知识。	1. 大篆和小篆的相关历史知识与差别； 2. 从书法本身去解读篆书书写的特点； 3. 了解岁寒三友、竹林七贤、苏轼、郑板桥； 4. 解读与竹子相关的成语与古代制度。
第九节课	1. 说文解字——竹字头； 2. 制作属于自己的竹简。	1. 竹字头和相关部首； 2. 编制竹简。
拓展延伸	用毛笔在自己制作的竹简上书写，学习书写的方法。	
第十节课	1. 隶书的产生； 2. 与笔、墨、砚相关的知识； 3. 隶书的特点； 4. 隶变——汉字大变革。	1. 隶书产生的历史原因； 2. 四大名砚、毛笔制作； 3. 隶书的书写特点与竹简形态的关系； 4. 隶变的主要变化形态。
第十一节课	1. 说文解字——隶变的偏旁部首； 2. 非遗体验——徽墨描金。	1. 黑、墨、左右耳旁、点字部首； 2. 徽墨描金——在墨条上描金。
拓展延伸	隶书的书写特点与竹简的平面息息相关，分析笔式与竹简之间的影响关系。根据隶书特点寻找周边书法中的隶书体。	

续表

第十二节课	四大楷书名家。	1. 楷书的起源与演变； 2. 四大楷书名家的励志故事及书法特点。
第十三节课	三大行书及作者。	1. 行书、草书的起源； 2. 三大行书及作者介绍。
第十四节课	1. 说文解字——与行走相关的部首； 2. 非遗体验——制作纸张。	1. 说文解字——与行走相关的部首解读：辵彳廴辶； 2. 学习制作纸张——捞纸。
拓展延伸	了解什么是书体，什么是字体。	
第十五节课	1. 书画同源——六书概念； 2. 六书造字法。	1. 用图画来造字——象形者，画成其物，随体诘诎，日月是也； 2. 指事字——给象形字加上标签； 会意字——拼积木造字法； 形声字——最好用的造字法。
第十六节课	1. 说文解字——六书的汉字举例； 2. 活字印刷以及相关知识。	手工体验，制作自己的活字版。
拓展延伸	把自己学习过的汉字分一下类，解读出其中会意字的意。	
第十七节课	1. 诗歌的起源与演变； 2. 宋词的起源与演变； 3. 元曲的起源与演变； 4. 明清小说与版画。	1. 最早的诗《弹歌》《诗经》《离骚》《汉乐府》； 2. 宋词的曲牌名，宋词名家； 3. 中国古典四大名剧； 4. 明清小说兴起的社会背景，与四大名著相关的知识。
第十八节课	版画制作技法。	手工体验制作自己的版画——在雕版上雕刻，用自己做的纸拓印。
拓展延伸	四大名著的作者为何以南方人为主？	

遇见布艺,"鑫动"生花 南京市鑫园小学劳动教育的特色实践

图 4-18 汉字体验社团的学生正在阅读国学经典

(内容提供者:陈雯婷)

第三节 项目综合

"鑫小"的劳动课程以项目化的形式开展,旨在通过多样的项目综合,全面培养学生的实践能力、创造力和团队合作精神。这些项目涵盖了校园劳动、家庭劳动和社会劳动等多个方面,让学生在实践中感受学习的重要性,培养各种劳动技能,构建家、校、社一体化劳动育人环境(见图4-19)。

例如,为年夜饭添一道菜、整理书包大比拼、小手拉大手劳动成果展示、参与学习智慧农场管理……丰富多彩的劳动教育课程和活动早已融入"鑫小"学子的日常生活之中。

图4-19 "鑫动"劳动课程项目综合示意图

遇见布艺，"鑫动"生花 南京市鑫园小学劳动教育的特色实践

一、走进校园

在精致的鑫园小学校园内，开辟了劳动实践基地——"鑫星染料种植园""棉花种植园""红领巾智慧农场""班级种植包干区""班级植物角"。劳动实践基地依据时节发展及农作物生长规律，结合现代化技术进行科技种植、物联网监测、营养液调配，让学生经历植物的播种、生长、施肥、灌溉及收获的整个过程。学校通过场景化劳动空间的打造，开展丰富多彩的劳动教育实践活动，让同学们在劳动中收获知识和快乐。

"鑫小"的校内劳动基地为学生提供了学习现代农耕和传统农事的机会。在这里，学生能够亲身参与耕种的全过程，融入农作物成长的实践。

在耕种过程中，师生们一同开展研究性学习，探索农作物生长的奥秘。他们观察植物的生长规律，了解土壤的特性，学习合理浇灌、施肥和防虫等基础农耕技术。通过实际动手的实践，学生们体悟到劳动的重要性和价值。

校内劳动基地还提供了学生学习先进创新技术的机会。学生们通过劳动基地的学习，了解现代农耕工具的使用和智能农业技术的发展趋势。他们通过亲手播种、维护、采摘，甚至参与农产品的加工烹饪，不仅收获了一次次快乐的体验，更重要的是在实践中树立了正确的劳动价值观。

通过校内劳动基地的学习，学生们不仅学会了农耕的技术和知识，更重要的是培养、形成了刻苦努力、团队协作的精神和负责任的态度。这些宝贵的经验和品质将伴随他们一生，帮助他们更好地面对未来的挑战和责任。同时，这种与自然亲近的学习方式也提醒学生们珍惜自然资源，保护环境，培养可持续发展的意识。

"鑫小"通过班级包干区的打扫、教室卫生的清洁以及校园垃圾科学化分类等校园劳动活动，让孩子们亲自参与劳动，感受劳动为校园带来的整洁与明净，

从中体验到劳动的快乐。劳动已成为幸福校园生活的重要组成部分。

在班级卫生大扫除中、主题班会课上以及综合实践活动课中，学生们经常有机会展示自己的劳动技能。他们会展示各自的清洁技巧、整理物品的技能，还会比赛展示他们的劳动成果。这种秀一秀、比一比的方式既激发了学生们的竞争欲望，又促进了他们的劳动技能的提升。

通过参与这些劳动活动，学生们不仅培养了实际操作的能力，还培养了团队合作精神和责任心。他们学会了执行工作计划、分工合作以及互相帮助，每个人都能为打造一个整洁宜人的校园环境贡献自己的力量。这种参与劳动的经历不仅让学生们以身作则，更加深了他们对劳动的理解和尊重。

在"鑫小"，劳动已经成为校园生活的一部分，为孩子们提供了锻炼、成长和享受劳动带来乐趣的机会。通过劳动，学生们不仅获得了实际技能，还培养了爱劳动的品格和正确的价值观，为未来的学习和生活奠定了坚实的基础。

二、走进家庭

在"鑫小"，我们认为家是我们共有的，家务也是大家共同分担的责任。孩子们积极参与家务劳动，包括选择菜品、烹饪饭菜、洗衣服、叠被子等等。他们做得有条不紊，每个孩子都能轻松胜任。通过亲自参与家务劳动，他们不仅感受到了劳动的乐趣，还享受到了亲手做出来的美食和穿着自己洗的鞋子衣服的喜悦。

为了更好地贯彻劳动教育，我们根据各个年级段学生的年龄特点和需求，精心策划了一份家务劳动实践清单（见表 4-2）。这份清单包含了学生需要掌握的各项家务技能，从如何选择食材到如何清洁与整理衣物，都有详细的指导和训练。这样的劳动教育贴近生活实际，并且一直伴随着学生的成长。

通过参与家务劳动，孩子们不仅学会了实用的生活技能，还培养了自理和独立生活的能力。他们学会了关注细节、合理安排时间，并且体会到团队协作的重要性。同时，家务劳动也教会了他们尊重劳动、珍惜生活资源的重要性。

劳动教育是"鑫小"始终陪伴在学生身边的重要一环。我们相信，通过实践劳动，孩子们能够在快乐中学习、成长，培养扎实的劳动素养，为未来的成功打下坚实的基础。

表 4-2 "鑫小"家务劳动实践清单

一年级	二年级	三、四年级	五、六年级
1. 能独自穿衣系鞋带、独立洗漱； 2. 会叠衣服、裤子、袜子等； 3. 学洗袜子、内衣内裤； 4. 能饭前盛饭、摆碗筷，饭后协助清理餐桌； 5. 学习正确使用简单的电器等，清楚用电安全常识； 6. 会洗水果，会用水果招待客人； 7. 会收拾自己的玩具，并把玩具摆放整齐； 8. 出行时，自己整理简单的出行物品； 9. 会倒垃圾，将垃圾分类投放； 10. 会整理文具、整理书包。	1. 学会自己梳头发； 2. 坚持小衣物自己洗、晾、叠，并归类放置； 3. 坚持饭前帮家人盛饭、摆碗筷； 4. 坚持饭后收拾、擦桌子并学习洗碗筷； 5. 学会整理自己的书桌和床铺； 6. 学会择菜、洗菜； 7. 学习用拖把拖地，能拖得又快又干净； 8. 在生活中主动关心父母和长辈，并将关心付诸行动； 9. 和来访客人大方交流； 10. 积极参加社区公益劳动。	1. 学习自己洗头、洗澡； 2. 在家长的指导下，学用洗衣机洗自己的大件衣物； 3. 学刷自己的鞋子； 4. 在家长的指导下，会用水果刀削瓜类或水果的皮； 5. 会择菜、洗菜，能辨识蔬菜的好坏； 6. 能积极洗碗筷； 7. 自己种植一种蔬菜或绿植； 8. 学习用针线缝扣子； 9. 会安全使用电饭煲、微波炉、电冰箱等家用电器； 10. 积极参加社会公益劳动。	1. 能自己洗澡、洗头、梳头，洗完澡后收拾擦干浴室； 2. 会刷自己的鞋子，帮家人擦皮鞋； 3. 会用针线缝扣子； 4. 坚持饭后收碗、洗碗； 5. 随时整理自己衣橱里的衣物； 6. 主动打扫房间卫生； 7. 有条理地整理书包、书桌；会对书橱进行归类整理； 8. 会切蔬菜，做简单的凉拌菜； 9. 在家长的指导下，掌握用电饭煲煮饭，用微波炉热饭菜，用燃气灶煮汤、煮面条等简单的生活技能； 10. 积极参加社会公益劳动。

三、走进社会

"鑫小"与南京多米课外实践基地合作,为学生提供了走进社会、亲身参与劳动的机会。在农耕园里,孩子们亲自动手,收割和采摘农作物,然后清洗和烹饪这些蔬菜,享受到劳动成果的美味。这个过程让他们更加珍惜食物的价值,感受到劳动的喜悦。

在寒暑假期间,"鑫星少年"积极参与了"红领巾向社区报到"活动,开展了一系列的公益志愿服务。他们去社区帮助老人打扫卫生、为邻居解决问题、参与社区环保活动等等。通过服务他人,他们体验到劳动的意义和社会责任感,这体现了"鑫小"对培养学生全面发展的关注。

在节假日里,"鑫星少年"还会前往丰硕农场等校外实践基地,了解劳动带来的成就。他们体悟到劳动精神之所在,并感叹劳动创造美好的生活。

这些活动让"鑫小"的学生走出校园,走进社会,亲身体验到劳动的重要性和价值。他们不仅从中学会了实际的技能,还培养了勤劳、坚韧和团队合作的品质。通过这样的经历,他们得以拓宽视野,增长见识,成为更加独立、自信和乐观的少年。劳动教育为他们的未来发展奠定了坚实的基础。

劳动教育被认为是最好的德育方式,因为它能够通过家、校、社的联动,为学生提供全方位的劳动教育体验。在"鑫小"的劳动教育系列活动中,同学们进一步参与劳动,逐渐爱上劳动,认识到只有通过辛勤的劳动才能创造出世间的一切美好。

通过家、校、社的共同努力,学生们不仅在学校里参与劳动活动,在家庭和社区中也能体验到劳动的重要性和意义。家庭可以组织孩子们一同参与家务劳动,培养孩子们的责任感和独立生活能力。社区可以提供公益志愿服务的机会,让孩子们体验到劳动为他人带来的快乐和成就感。

这些劳动教育活动在"鑫小"中弘扬着"劳动最光荣、劳动最伟大、劳动最美丽"的校园新风尚。学生们在参与劳动中培养了勤劳、坚韧的品质和团队合作精神。他们学会了承担责任、关注他人,并且在劳动中感受到付出和奉献的价值。这些品质将伴随他们的一生,成为他们成长道路上的积极素养。

劳动教育不仅培养了学生的实用技能,更重要的是塑造了他们的品格和价值观。通过劳动,他们学会了尊重他人的劳动,珍惜资源,努力追求卓越。他们明白了劳动才是实现梦想和创造美好生活的基石。"鑫小"的劳动教育系列活动正是通过这种方式,培养了学生追求卓越、尊重劳动和创造美好生活的价值观。

活动案例4-2:小小葫芦,大大世界

"鑫小"以"欣然生长"为校训,以"求真养善"为校风,以"进德修业"为教风,以"知行合一"为学风,耕耘办学,构建了丰富而富有特色的"葫芦研学"课程体系。"鑫星宝贝""鑫星少年"以"研"为核心、以"学"为目标、以"行"为实践,在探究中增长知识,在实践中培养能力,在研究中传承文明。

一、活动目的

葫芦是中华文化的重要符号,在我国有悠久的种植历史,因其美好的寓意,自古以来就深受国人喜爱。每年农历的"三月三"前后是种植葫芦的最佳时期,也是学生学习种植葫芦的最佳时机,因此,学校开展以"探秘葫芦世界"为主题的实践活动,引导"鑫星少年"走进校园葫芦基地,通过合作种植葫芦,体会合作与劳动的乐趣,培育工匠精神,培养优秀的劳动品质。

二、活动目标

1.组织和指导学生通过种植小葫芦的活动认识植物的根、茎、叶、花、果实及种子;了解小葫芦这种植物的生长过程;知道一粒种子能够发育成一株植物,

并再次结出多个果实，从中理解植物生命周期的涵义。

2.组织学生亲历种植、培育小葫芦的活动，使学生在活动过程中领悟珍爱生命的意义，知道爱护花草树木。

3.鼓励学生完成植物生长全过程的观察活动。学会持续地、多方面地对某一事物进行观察，提高科学探究的能力。

4.收集学生观察、记录活动的信息，及时给学生以必要的帮助和指导。让学生在活动过程中懂得栽培植物的正确方法，学会用数据、图画、语言描述等方法交流自己的观察结果，运用整理信息的方法发现事物变化的简单规律。

5.在种植活动中，促使学生间互相配合和交流，提高同学们团队合作的能力。

三、活动准备

1.物品需求：小葫芦种子，铲子、锄头等工具。

2.场地要求：学校小小植物园（种植地）。

3.指导教师：学校科学教师、劳动教师。

四、活动时间

全学年。

五、活动具体实施过程

（一）活动准备阶段

1.以班级为单位组建活动小组，制订活动计划。

2.准备相关实验材料：种子、场地、容器等。

3.向学生阐明开展活动的目的、意义和要求，宣布活动计划。

（二）科学研究阶段

第一阶段：了解

1.时间：3月初—4月初。

2.主要活动：查找资料；了解葫芦相关知识；重点了解葫芦的价值；根据自己的喜好制作宣传手抄报。（见图4-20）

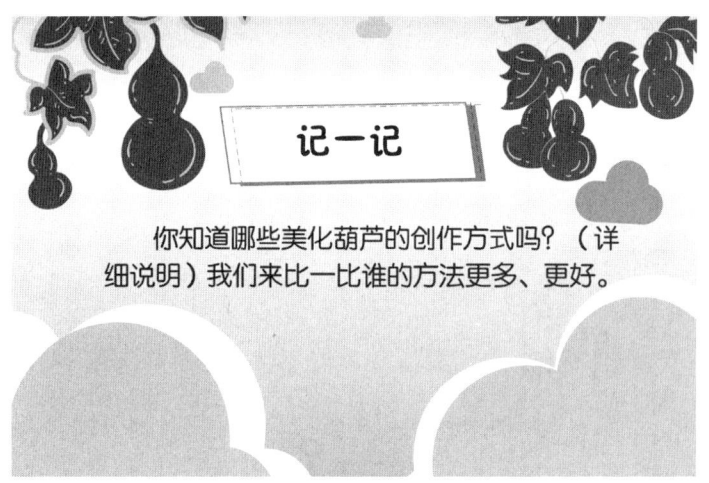

图4-20 "走进葫芦的世界"活动任务

第二阶段：播种

1.时间：3月中旬—4月初。

2.主要活动：观察种子、播种（见图4-21）。

观察种子在泥土里的变化。（教师现场指导观察）

种子出芽后的观察记录活动。

第三阶段：芽长成苗

1.时间：4月中旬。

2.主要活动：

（1）交流前三周里小葫芦幼苗的生长变化。

（2）观察生长了四周的葫芦幼苗：测量植株高度；观察叶的数量和生长位置；观察、描述茎的特征；观察整株植物，并将其画在活动手册上。

（3）选取优质幼苗，并移入种植箱。

第四阶段：葫芦花开

活动时间：6月初。

2.主要活动：

（1）观察葫芦花，了解葫芦花的雌雄同株的构造，分辨雌雄花的不同。

（2）观察果实长在什么地方。

（3）继续观察、记录花的变化。

第五阶段：葫芦藤长

1.活动时间：6月中旬。

2.主要活动：

（1）观察葫芦藤，了解葫芦藤的长势，适当绑扎藤蔓。

（2）观察小葫芦长在什么地方。

（3）继续观察、记录花和小葫芦的变化，建议学生可以用画一画的形式进行展示。

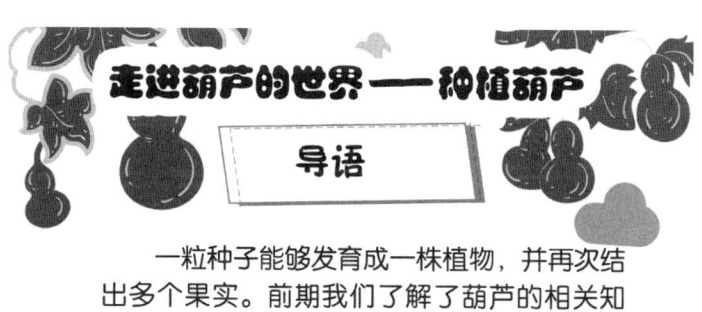

图4-21 "走进葫芦的世界"研学任务

遇见布艺，"鑫动"生花 —— 南京市鑫园小学劳动教育的特色实践

第六阶段：我们的收获

1. 活动时间：6月下旬。

2. 主要活动：

（1）认识一粒种子长出了多粒种子，统计自己收获了多少个小葫芦。

（2）写出自己的收获体会。

（三）整理、分析资料，展示成果阶段

1. 活动时间：7—8月

2. 主要活动内容：

（1）整理、分析数据是"葫芦研学"活动的重要内容。通过整理，学生把小葫芦的生长变化同时间联系起来，就能知道小葫芦的生长周期；通过分析折线图，学生就能发现隐藏在数据中的意义，获得对小葫芦生长的科学认识。

（2）根据体验种植过程获得的收获，学生制作手抄报、黑板报，写作小论文等，并进行展示。

（四）创意活动阶段

自学校开展葫芦文化进校园活动以来，葫芦的种植和采摘就成了学校特色实践课程，带动了学生德育、美育、传统文化教育等方面的综合发展。我们在特色课程中增设了葫芦创意组，由教师和学生共同参与，对葫芦进行二次创意制作，形成了"鑫小"特色美术课程。葫芦创作课程处于初期，以后我们会创造出更多更有特色的作品（见图4-22）。

"鑫小"葫芦主题研学活动引导孩子们从课堂走进田地，发现大自然中植物生长的奥妙、体验种植的乐趣。学生从现实生活的真实需求出发，亲历情境、亲手操作、亲身体验，经历完整的劳动实践过程。我校会把以葫芦为主题的研学活动持续地做下去，进一步做好"双减"工作，丰富课后服务课程体系，将德、

智、体、美、劳五育融合推进，努力培养懂劳动、会劳动、爱劳动的时代新人。

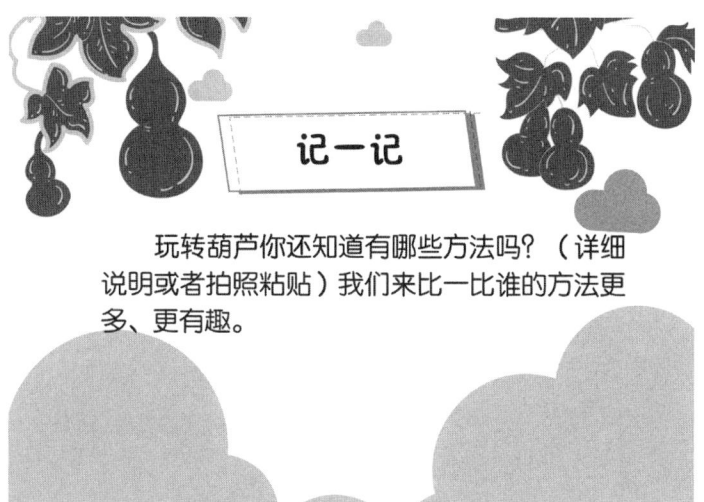

图 4-22 葫芦研学创意活动的任务

（内容提供者：陈雯婷）

第五章
"鑫动"布艺的课程故事,寻民族文化之根

"鑫动"布艺是"鑫动"劳动课程中一颗璀璨的明珠,闪耀着创意与艺术的光芒。它不仅是一门技艺的传承,更是一种对民族文化的热爱和呵护。它通过培养学生们的手工技能,增强他们的动手能力和耐心。在制作过程中,学生们体会到了劳动的价值和成就感,懂得了付出与收获的关系。

更重要的是,布艺作品传递着民族文化的力量。每一种图案、每一种纹饰都有着悠久的历史和丰富的内涵。学生们在制作过程中了解了民族文化的独特魅力,感受到了传统工艺的魔力。他们从中汲取灵感,将自己的创意融入其中,创造出独一无二的作品。

在"鑫动"布艺课程的引领下,在师生共同的努力下,学生们在舞动的布料上找到了自己独特的艺术语言,同时也坚定了对本民族文化的认同。课程的实施不仅是学校教育发展的一次突破,更是培养学生综合素养和文化自信的重要途径。在这片布艺的世界里,学生们不仅寻找到民族文化之根,更展现了自己的创造力和独特魅力。这段课程,将成为他们美丽人生中闪耀的一笔,永远留在记忆深处。

第一节 起步的故事——布艺教学的萌芽

"鑫动"布艺教学的起步就像一颗种子的萌芽,静静地开始了它的成长之旅。

在最初的阶段,这门课程只是一个初步的想法,一个对布艺艺术的探索。当时的老师们不知道它能否生根发芽,能否真正激发学生们的兴趣和创造力。然而,正是因为对布艺的热爱和坚定信念,他们勇敢地开始了这个教学项目。通过精心准备和策划,学校为布艺教学提供了一个舞台。老师们充满激情地向学生们介绍布艺的魅力,并邀请他们参与其中。学生们对这个新的教学项目充满了好奇,他们准备迎接新的挑战,探索未知。

在布艺教学的初期,学生们接触到了各种不同的布料、工具和技术。他们学习了基础的印染、扎染、文创制作等技巧,并在实践中不断尝试、改进。每一个小作品都是他们不断尝试和探索的见证,也是他们勇敢面对困难和挑战的证明。

虽然起步时也遇到了一些困难和挫折,但他们并没有选择放弃。相反,他们开始形成了一个团队,相互鼓励和支持。老师们也不断反思和调整教学策略,为学生们提供更好的指导和资源。在持续的努力下,布艺教学逐渐萌芽,并展现出了无限的潜力。

"鑫动"布艺就像一束温暖的阳光,照亮了学生们的心灵。他们从中体会到劳动的快乐和价值,感受到自己的成长和进步。他们开始意识到布艺的美丽和表达力,他们的创造力不断迸发,成就了一个个小小的艺术品。

民间布艺走进鑫校园

三万年前，山顶洞人用骨针将树叶、兽皮缝制成衣物用来遮羞避寒。大约在南北朝时期，棉花进入我国，人们开始了种植棉花、采摘收割、纺纱成线、织布染色的漫长探索旅程。"垂衣裳而天下治。"布开始走进人们的生活，成为人们形影不离的"好朋友"。

民间布艺即指布上的艺术，以布为原料，集民间染、剪纸、刺绣等制作工艺为一体的综合艺术。

"鑫小"小布头民间布艺非遗项目是由蓝印花布、扎染布艺和刺绣文创布艺组成的。

中国民间布艺主要用于服装、鞋帽、床帐和挂包，以及头巾、香袋荷包等。布艺文化将生活变得富有美感和温度。

2017年，中共中央办公厅、国务院办公厅印发《关于实施中华优秀传统文化传承发展工程的意见》，明确提出非遗传承和传统文化传承要全方位、全学段、全过程融入，从幼儿园到大学直至继续教育，并要"以幼儿园、小学、中学教材为重点，构建中华文化课程和教材体系"。

中华五千年传统文化底蕴深厚、博大精深，传统工艺、技艺与匠人精神亟须传承与发扬。可见，让小学阶段学生体验并传承非遗技艺、弘扬非遗，是时代的要求。现代社会的飞速发展，让传统的手工技艺离我们越来越远。"非遗进校园"，首先要让非遗技艺苏醒并活起来。

一、民间布艺在鑫园的发展历程

（一）活起来

1. 探之源，学技艺

民间传统印染技艺从先秦时期起，经过直接印花、防染显花、浸染等多种工艺形式，至唐宋时期印染方式逐渐趋于成熟。

秦汉时期的"画缋之事"，印花敷彩的工艺，多以凸版戳印与手绘相结合在纺织品上印花。但其工艺复杂，不能很好地适用于人们的日常生活，于是人们改进染料和印花技术，了解了染色和防染的原理后转为浸染等方式，此后防染的技艺出现并逐渐发展。

魏晋时期，印染工艺逐渐转变为以防染显花为主，不同地域交流频繁后，夹缬、绞缬、蜡缬被人们广泛采用。

南宋时期，油纸伞在民间广泛流传。后来人们将桐油纸刻花版作为型版，以黄豆粉加石灰粉、米糠防染，蓝印花布开始兴盛。

蓝印花布拥有悠久的历史，传承着一系列传统工艺，包括画稿、刻版、上浆、染色、刮浆等步骤。这些工艺传统使得蓝印花布散发出端庄朴素的文化韵味，让人陶醉其中。

扎染古称扎缬、绞缬，是民间独特的传统染色工艺。它有100多种各具特色的变化技法，染出的花色也不尽相同。简单易学的传统染色工艺是点燃师生创新的火苗。

孩子们自制的染布通过裁剪、拼贴、刺绣等方法衍生出富有灵气的文创布艺，装点、美化生活，让生活充满情趣。

2.思之策，组团队

"小布头大文化"团队是由校级领导牵头，聘请非物质文化遗产传承人作为我校的特聘专家，让他们参与并指导我校的非遗传承活动。为保证师资力量，全校9位教师拜师学艺，跟学非遗项目。

他们的职责分工如下：组长谭玲娣校长，负责统筹规划校园工作，推进"小布头大文化"特色课程架构；副组长毛秋月副校长，负责非遗专家的对接工作；

陈雁副校长制定"小布头大文化"课程；陈雯婷主任安排分项目，组织工作。

3位美术老师分工合作，王舒老师擅长扎染，毛秋月老师负责蓝印花布，陈璐老师以文创为抓手进行具体的实践活动。

"纸上得来终觉浅，绝知此事要躬行。"实践出真知，我们只有把"小布头大文化"做起来才能真正让学生感受传统技艺的博大精深。

（二）做起来

1. 造之境，巧布置

围绕着"小布头大文化"布艺非遗，学校开拓出布艺学习空间，营造布艺氛围，让中国的传统美学融入校园的每一处，浸染每一个孩子的心灵。

"鑫动"布艺馆（见图5-1）：这是一间集布艺艺术展示、教学、活动为一体的多功能厅，孩子们在材料区、展厅区、互动体验区亲身实践，感受布艺的技艺、历史和文化。

图5-1 "鑫动"布艺馆

布艺大厅里"鑫星少年""鑫星园丁笑脸墙"（见图5-2、图5-3）：以扎染、蓝印花布作为设计元素，笑脸墙上张贴着一张张"鑫星宝贝""鑫星少年"的照片，他们在非遗浸润下欣然生长的样子展现出受非遗熏陶的孩子幸福的模样。

图 5-2 "鑫星少年"笑脸墙

图 5-3 鑫星园丁笑脸墙

2. 行之策，开课程

义务教育阶段艺术课程要以立德树人为根本任务，培育和践行社会主义核心价值观，着力加强社会主义先进文化、革命文化、中华优秀传统文化的教育；坚持以美育人、以美化人、以美润心、以美培元，引领学生在健康向上的审美实践中感知、体验与理解艺术，逐步提高感受美、欣赏美、表现美、创造美的能力；引导学生树立正确的历史观、民族观、国家观、文化观，增强爱党、爱国、爱社会主义的情感，坚定文化自信，提升人文素养，树立人类命运共同体意识，为实现中华民族伟大复兴而不懈奋斗。艺术学科要突出课程综合，注重艺术与自然、生活、社会、科技的关联，汲取丰富的审美教育元素，传递人与自然和谐共生理念，促进学生身心健康全面发展。

课程阶段性目标提出：3—5年级段学生要能利用不同的工具、材料和技能，制作传统工艺品，学习工艺师敬业、专注和精益求精的工匠精神。6—7年级段学生要能利用不同的工具和材料，制作或创作工艺品，体会传统工艺"守正创新"的内涵与意义。

"鑫动"布艺课程坚持"从娃娃抓起，师生探究，家、校、社共同传承"，将布艺的人文思想和设计理念深深地植根于孩子们的心田，把民间布艺传统工艺、文化情怀和孩子们的稚嫩纯真结合在一起，形成"鑫小"独特的"鑫动"布艺特色课程及资源。

扎染课程及资源：鑫星扎染课程致力于让孩子从扎染起源、扎染发展、扎染现代演变等各方面全方位了解扎染艺术。师生协同完成《"鑫动"扎染校本课程资源》的绘编，用一张张四格、六格、九格日记画的方式记录下自己的扎染折叠方法与过程，染色后的成品也在图册中直观呈现。以这种方式扎染校本资源在持续不断地更新中……

蓝印花布课程及资源：吴元新教授是国家级非遗传承人，对"鑫小"蓝印花布课程进行深入指导，通过实地和线上等形式指导师生学习蓝印花布制作的全过程。在此基础上，"鑫小"师生反复实践印染工序，尝试多种蓝印花布的创作方法，创作出许多富含童真童趣的印染绘画作品。

布艺文创课程及资源：旨在为孩子们打造一个独特的布艺手工天地，并在非遗传承人高瑞雷大师的指导下有序进行。在这个课程中，孩子们将学习自己染布的技巧，并使用自己亲手染的布料制作布艺制品。在传统布艺刺绣工艺的基础上，他们将探索拼贴、立体浮雕、立体造型、编织等多种工艺，以创作出具有实用性、艺术性和生活性的布艺生活小品。该课程注重将实用性、艺术性和生活性完美结合,让孩子们在布艺创作中体验到乐趣并培养他们的创造力与艺术鉴赏能力。

棒旗操课程:"鑫小"学生全员参与,用自己扎染的作品制作成扎染棒旗。同时,体育组的教师们还专门编排了扎染棒旗操。太阳升起时,音乐中孩子们挥动着自己扎染的棒旗展现出朝气蓬勃的精神面貌。

3. 促成长,办活动

学校分低、中、高年级段开设了蓝印花布、扎染、布艺文创等共 5 个社团,课程安排在每周的周二、周四、周五,课后服务时间参与社团活动的人数达 130 人次。

学校围绕布艺非遗开展了丰富多彩的活动,让孩子们在活动中体验非遗。感受非遗,活动打开了孩子们热爱非遗的窗口。具体活动内容如下:

(1)棉花及染料种植活动

人类利用天然染料染色的技艺可以追溯到远古时代,我国是世界上最早使用植物染料在织物上染色的国家之一。为了继承和弘扬这一传统文化,学校开辟了板蓝根、蓼蓝、绞股蓝种植园(见图 5-4),孩子们在种植园里进行培育、浇灌,悉心呵护"蓝草"的生长。

在这里,孩子们可以亲自参与到"蓝草"的培育和浇灌工作中,用心呵护它们的生长。这种参与式的学习方式使得孩子们能够亲身体验植物的生长过程,感受到大自然赋予生命的神奇力量。

这样的种植园为孩子们提供了一个亲近自然、感受生命奇迹的场所。孩子们通过种植"蓝草",不仅能够触摸到植物的温度,还能在亲手染制织物的过程中感受到"蓝草"带来的美丽和魅力。这种体验不仅丰富了孩子们的知识,也培养了他们对传统文化的热爱和传承的意识。

图 5-4 "XIN"动布艺染料种植园

（2）染料提取活动

在经历了一年的生长过程后，"蓝草"在小暑节气到来时迎来了收割的时刻。为了实践传统的民间工艺，师生们采用了民间传统的工艺流程，包括采摘、浸泡、搅拌、打蓝、发酵和沉淀等步骤，制作出传统的蓝靛泥。

师生们共同进行反复实践和研究，精心探索每一个制作步骤。他们仔细选取成熟的蓝草，进行精细的采摘工作。随后，他们将采摘的蓝草进行浸泡，让其中的色素得以释放。

接下来是搅拌的过程。师生用手工细心搅动蓝草的混合浆糊，以充分混合和释放颜料。这一步骤需要持续一段时间，师生们耐心而仔细地操作着。

当混合浆糊达到一定的浓度后，师生们开始进行打蓝，将浆糊从容器中取出，这一步骤需要技巧和熟练的手法。

为了进一步让蓝色颜料得以充分发酵和沉淀，师生们将被涂抹过蓝靛泥的部分织物进行堆积放置，以保持湿润和适宜的环境。在这个阶段，师生们需要耐心等待，让蓝靛泥充分发酵和沉淀。

经过一段时间的发酵和沉淀后，师生们期待已久的成果终于呈现出来。他们小心翼翼地将织物取出，发现蓝靛泥已经成功地渗透到织物纤维中，形成了美丽的蓝色。

这个手工制作的蓝靛泥的作品，是师生们共同努力和实践的结晶。他们通过持续的研究和实践，不断完善工艺流程，使得手工蓝靛泥的制作达到了一定的水平。这不仅是对传统文化的传承和发扬，也是师生们对自己的努力和创造力的肯定。

（3）非遗文创义卖活动

在布艺核心组老师们的带领下，"鑫星少年"以全新的热情投入课余时间的创作中。利用这些宝贵的时间，全校师生一起探索扎染、蓝印花布和文创手工的艺术创作。

在扎染方面，师生们积极尝试不同的扎染技法和图案设计，利用绳子、夹子、橡皮筋等工具，将自己独特的创意融入布料，创造出独一无二的扎染作品。

而在蓝印花布领域，师生们探索了不同的图案和印花方法。他们仔细学习传统蓝印花布工艺的技巧，用手工蜡笔、瓜子皮等材料将设计好的图案涂抹于布料上，再通过蓝草植物中的天然靛蓝染色，让图案在布料上形成鲜艳的蓝色，展现出浓厚的民俗风情。

除了扎染和蓝印花布，师生们还尝试了其他文创手工艺品的创作，如手工绣制、纸艺制作等。他们用心创作，发挥自己的想象力和创造力，创作出一件件精美的手工艺品，展现出无限的艺术才华和创新思维。

随着更多的师生参与到这些创作活动中，"鑫星少年"的创作氛围日益浓厚，创作水平也逐渐提升。他们展示出的才华和创意，不仅让大家惊叹，也为学校注入了更多的艺术元素和活力。这些创作不仅是对传统文化的传承和发展，也是师生个性和想象力的独特表达。

师生不仅传播布艺非遗，还传递爱心。"六一"儿童节，孩子们将自己亲手制作的挂件、发饰、围巾、茶艺、书签、折扇等文创品进行义卖捐赠。这些稚趣的布艺作品满满地承载了非遗元素对美好生活的向往。义卖所得的11 698元捐赠给了江苏省儿童少年基金会。

（4）非遗日练摊活动

"鑫小"应秦淮区文旅局的邀请参加了区非遗馆主办的"2022非遗日的练摊活动"。学生们通过展示独特的扎染体验和文创作品，与参观者进行了交流和互动。这些活动深受广大市民的喜爱，让更多人有机会亲身感受非遗技艺和文化的魅力。"小布头大文化"在师生们的努力下活起来了。

（三）火起来

1. 学之根，结师徒

"鑫小"聘请了国家级（蓝印花布）非物质文化遗产传承人、中国工艺美术大师、中国民间文艺家协会副主席、南通蓝印花布博物馆馆长吴元新，南京市非物质文化传承人、南京市工艺美术大师高瑞雷对学校的印染和刺绣学习及课程进行专门指导。大师们与教师一起商议课程的开展方法和活动的组织形式。

高瑞雷老师和吴元新教授分别通过线下和线上的学习形式为"鑫小"的老师开设了培训班。高瑞雷老师的培训班采用了线下学习模式，让老师们亲自参与到课堂和实践中，培养他们的实际操作能力。而吴元新教授承办的培训班则是为期一个月的线上学习，包括理论学习和实操培训，为老师们提供了更灵活的学习方式。无论是线上的培训还是线下的课程，学校的老师们表现得非常认真和投入。他们积极参与课堂讨论，勤于思考并提出问题，展现出对于传统布艺的浓厚兴趣和学习热情。不仅如此，他们还认真完成了培训班的实操任务，努力掌握相关技能和知识。两位导师都对学员的学习表现给予了高度赞赏。他们认为学校的老师们不仅在理论上有了较大的提升，而且在实践中展现出了出色的能力。这样的学习成果无疑将为传统布艺的传承和发展注入新的活力。

2. 交流之，广传播

文化润泽生命，传统滋养心灵。"鑫小"的师生们积极参与校园实践活动，用实际行动传承和弘扬传统文化。同时，他们也积极参与校外沉浸式体验活动，与其他地区进行非遗技艺的交流。通过这些实践与交流，更多人感受到传统文化的魅力。这样的努力为"鑫小"注入了新的活力，同时也丰富了师生们的精神世界。

（1）新生入学礼牵手扎染非遗体验

在新生入学礼上，师生们共同参与了一场扎染非遗体验活动，为新生们带来了亲身体验扎染艺术的机会，让他们深刻感受传统文化的魅力和深厚底蕴。这场活动引起了新华网、《南京晨报》等多家媒体的关注和报道，受到了广泛的社会赞誉和认可。

（2）扎染布艺非遗走进区非遗馆

学校的陈璐、王舒老师受秦淮区非遗馆邀请，为研学活动的孩子们进行"扎染"公益非遗课程的教学活动。活动不仅丰富了孩子们的课外学习内容，还帮助他们了解和传承中国的非物质文化遗产。

（3）成功申报第四批非遗校园

2022年11月29日，南京市鑫园小学参加第四批秦淮区非遗特色校园验收工作，学校的"非遗民间布艺项目"顺利通过验收并取得圆满成功（见图5-5）。

图 5-5 第四批秦淮区非遗特色校园验收会现场

（4）布艺非遗正通过各级教研、区际校际的交流，各类沉浸式的布艺体验活动，如区雏燕培训、幼小衔接、大报恩寺党员联谊、社会主义学员共建、融合教育专家团队等多种形式传播开来。期待越来越多的人喜欢"鑫动"布艺，传承布艺文化。

2023 年 4 月 20 日上午，南京市富丽山庄幼儿园大班的孩子们及家长走进鑫园小学，近距离地感受、体验小学生的学习生活。

带着好奇与期盼，孩子们跟着王舒老师体验了特色的扎染美术课程，亲手制作出一幅幅精美的扎染作品。在课堂上，孩子们聚精会神地倾听，眼神中透露出浓厚的好奇心，充满着对扎染的浓厚兴趣。

在轻松活跃的氛围中，孩子们不仅在学习，也得到了成长。他们享受着这种融合了学习与乐趣的教育方式，感受到教育的魅力。孩子们自信而大胆地与老师进行互动，课堂上时而热烈，时而安静，让他们充分感受到小学课堂与幼儿园活动的差异，真正体验到小学学习生活带来的无限乐趣（见图 5-6）。

遇见布艺,"鑫动"生花 南京市鑫园小学劳动教育的特色实践

图 5-6 幼儿园的小朋友们做出了一幅幅精美的扎染作品

3. 传承之,品文化

蓝色宁静致远,具有朴素雅致的魅力,犹如蓝天白云般澄澈,如星辰大海般辽阔,如深邃的宇宙般无穷无尽。它稳重而沉着,给人以安定和深远的感受。

在"鑫动"布艺课程中,小布头作为一种传统艺术形式,展现了它温暖的一面以及独特的艺术变化。这门课程通过小布头创作,让学生们亲身体验布艺的魅力,并培养他们的创造力和想象力。

古朴的图案融入小布头的创作之中,充满着对吉祥和喜庆的寄托,传递着对美好生活的向往。学生们在学习布艺课程的过程中,通过制作小布头作品,发挥自己的艺术才能,同时也了解了小布头背后的文化意义和传统内涵。他们的创作不仅展现了时代文明的步伐,还传承了中华传统文化的精髓。

"鑫动"布艺课程的存在,为学生们带来了温暖、真实和美好的体验。通过这门课程,学生们不仅学到了布艺制作的技巧和知识,还发掘了自己的潜力和独特才华。每一件小布头作品都是学生们创造力的结晶,它们展现了学生们

的个性与创意，为他们的生活增添了无限的色彩和魅力。

在"鑫动"布艺课程中，学生们通过与小布头的亲密接触，感受到生活中的温暖和美好。他们从布艺创作中获得了内心的平静，也找到了与自己对话的空间。这门课程不仅让学生们掌握了布艺制作的技巧，更重要的是让他们在创作中发现自己，并将美好与喜悦传递给他人。

通过"鑫动"布艺课程，小布头成了学生们的艺术伙伴。它们展现了创造与美好的力量，成为学生们独特而珍贵的作品。这门课程不仅带给学生们对传统艺术的理解，也启迪了他们对生活的热爱和追求。小布头与学生们一同成长，为他们的人生增添了一份美丽的记忆。

（四）美起来

小布头通过扎染、蓝印花布、文创本身所具有的美，令人沉醉，加之因思维产生的火花，迸发出创意的灵感，使得印染的技艺、色彩、纹样、创新、文化等方面闪耀着动人心弦的美丽。

1. 自然之美

大自然孕育着丰富多样的植物，如梅、兰、竹、菊等，它们的存在赋予了我们生活中绚丽多彩的美景。在布艺课程中，我们将自然的恩赐留在小布头上，通过印染的技艺，将自然的纯真气息和草木的韵味呈现出来。

课程让学生们近距离感受大自然的美，培养他们对自然的热爱和敬畏之情。在创作过程中，他们通过观察与绘画，将自然界中的美景、动植物等元素融入小布头的设计中。通过印染技艺课程引导学生们用心去感受自然之美，通过创作去表达对大自然的喜爱和敬意。

小布头作品中的自然元素都展现了自然的美丽和魅力，同时传达了对大自然的热爱和珍视。学生们的创作呈现出独特的风景，追求着与自然和谐共生的理念。他们运用印染技巧,将自然之美融入小布头的纹样中,使作品具备了自然界的色彩和灵动。每一件小布头作品都是对自然界的致敬,也是对生命的赞美。

2. 节气之美

春夏秋冬,四季更迭,仿佛大自然的呼吸。春季,草木萌芽,叶枝稚嫩;夏秋,万物茁壮,枝繁叶茂;冬季,生命涅槃,孕育新生。在中国文化中,二十四节气作为我们独有的"时钟",凝结着中华民族优秀传统文化和先民的广博智慧,以温润的方式滋养着人们的生活。

二十四节气不仅代表了时间的流转,更是中国人特有的时间哲学。它蕴含了古人对自然、天地、岁月的思悟,体现了人与自然和谐共生的理念。每个节气都有着独特的意义和象征,展示了大自然万物的变化和生命的律动。人们通过庆祝和纪念二十四节气,感受自然的宏伟和人类与自然的紧密联系。

在"鑫动"布艺创作中,二十四节气得以活跃起来。通过布艺的方式,我们将节气文化与传统布艺相结合,实现了文化的多元传播(见图5-7至图5-12)。每个节气都成为创作的灵感源泉,布艺作品以绚丽的颜色和图案诠释了节气的精髓。它们不仅展现了中国传统文化的丰富与独特,也传递了人与自然和谐相处的美好理念。

"鑫动"布艺创作唤醒了二十四节气的活力,它们穿越时空,将古老的智慧与现代艺术相融合。这种创作方式不仅延续了古人对自然的敬畏与赞美,也让节气文化焕发出更新的光彩。通过布艺作品的展示和传播,人们更加深入地了解二十四节气的内涵和意义,感受到了时间与自然的美妙共振。

图 5-7 学生作品：《大暑》

图 5-8 学生作品：《谷雨》

图 5-9 学生作品：《立春》

图 5-10 学生作品：《立秋》

图 5-11 学生作品：《立夏》

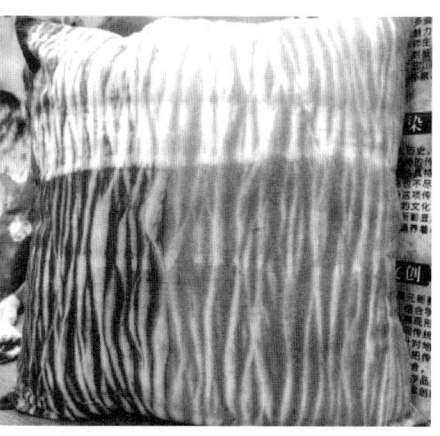
图 5-12 学生作品：《清明》

3. 色彩之美

自然界中的色彩是大自然赋予我们的宝藏，蕴含在山川大河之间。草木和矿物质为我们的印染提供了传统的色调，使小布头上的创作充满了诗情画意。

在"鑫动"布艺课程中，色彩之美得到了充分展现。典雅的深色调，如深紫、深蓝和深棕，给人以庄重典雅的感觉，彰显着深沉和内敛；明艳活泼的暖色调，如鲜红、橙黄和明亮的绿色，让人感受到活力和热情；而安静平和的冷色调，如清澈的蓝色、优雅的绿色和冰冷的灰色，能够带来宁静平和的氛围。

"鑫动"布艺课程也引导学生们欣赏和理解色彩的美。在学习过程中，学生们了解了不同色彩的文化内涵和表达方式，培养了对色彩的敏感度和判断力。他们在欣赏他人作品的同时，也深入思考色彩在生活中的重要性和影响力。

4. 匠心之美

扎染和灰染（蓝印花布）作为我国的非物质文化遗产项目，拥有悠久的历史传承，已经有上千年的历史。这项传统的手工艺技术需要传承人将自己的心沉入染缸中，用心灵去浸润染料，设计出精美的图案。他们以优雅的动作和敏锐的眼光，将传统的技艺代代相传，并不断追求卓越，展现出匠心之美。

学生们在学习扎染和灰染的过程中，亲身体验到了精心设计和细腻工艺的重要性。他们要深入了解染料的特性和颜色的混合，掌握复杂而精密的染色技巧。每一步操作都要小心翼翼，用心去感悟和表达自己的情感。

"鑫动"布艺课程注重培养学生们的匠心精神，教授他们严谨而丰富的技巧和方法。学生们不断精益求精，追求完美的细节和工艺，以匠人的精神去打磨自己的作品。他们努力让每一个作品都达到高品质的标准，注入自己的情感和灵感，传递着质朴的情感。通过"鑫动"布艺课程，学生们了解到匠心之美的重要性和独特价值。他们体验到传统工艺所带来的愉悦和满足感，也明白了匠人精神的珍贵和传承的责任。

教学片段5-1：布贴画

布贴艺术是一门审美兼实用的艺术，品种繁多，特色鲜明。把这门古老而独具特色的民间艺术引入"鑫动"校园，在活动中让学生观察布贴艺术的有趣造型、收集各种花色的布、整理挑选适合的布，完成属于自己的布贴画作品。

布贴画造型多种多样，所反映的题材都来源于生活，来源于民众，学习内容与学生的实际生活高度相关。在"鑫动"布艺馆的创作空间里，孩子们醉心于各类花色的布中，品味并创造着布贴画丰富的造型、缤纷的色彩，沉醉在各种肌理的布中，表现着心中的美好生活（见图5-13、图5-14）。

图5-13 学生布贴画作品（一）　　图5-14 学生布贴画作品（二）

一、"布"一样的立体动物

把布作为创作基础，为小学生提供丰富的辅助材料，鼓励孩子们用染、剪、拼、贴、绣、缝等各种方式，将材料巧妙地组合在一起，形成一件件别具特色、富有童趣的创意作品（见图5-15）。

图 5-15 学生的布贴画作品：立体动物

这种趣味布艺活动，丰富了孩子们的学习体验，锻炼了实践能力，提升了创造力，提高了审美能力，从而使他们获得全面综合的发展。

二、民间布艺课程带动学生多元发展

教育的目标是培养有用且健康的个体，帮助每个人发现更好的自我。艺术一直是人类精神文明中不可或缺的一部分，通过独特的媒介、语言、形式和技艺等，艺术创造了艺术形象，反映了自然界、社会以及人类的创造性活动。

美育的重要性不仅在于培养学生的核心素养，还包括培养良好的习惯、充分准备课前预习、认真对待学习、专注地进行探索和研究，以及自由地表达观点等等方面。小布头系列课程的引入使孩子们在生活和学习中不断与自己的创造力相遇，发现"布"一样的自己。

（一）"布"一样的表达，悟生活味道

丰富的表现内容来源于生活的方方面面。春夏秋冬、梅兰竹菊、花鸟鱼虫、琴棋书画、十二生肖、二十四节气等，都是布艺作品常见的表现内容和题材。

通过这些题材的作品,学生们能够在生活中感受到四季交替、时间的流逝,学会珍惜时间并留心观察身边的生活。

学生们通过布艺作品反映了春花、夏荷、秋叶、冬雪等充满诗意的四季和美好时光。他们通过蓝印花布和扎染艺术的特殊技巧和图案,展现出了自然界的生机与变化。每一个作品都是学生们从日常生活中汲取灵感,通过布艺的形式将这些美好呈现出来。

四季的变迁与生活的循环成为学生们创作的源泉。他们体会着一年四季的轮回,通过布艺作品将过程中的变化和魅力展现出来。这样的表达不仅是对自然的赞美和沉思,也是在寻找生活中的真善美,以及对时间流逝的深刻思考。

在布艺课程中,学生们通过特殊的蓝印花布和扎染技艺,将生活中的主题转化为独特的艺术作品。他们通过勤奋努力和创造性的思维,打造出充满自己独特风格的作品。通过布艺的表现形式,学生们学会了细致观察,捕捉生活中的美好,并将其以独特的方式呈现出来。布艺的艺术创作和表达,不仅增添了生活的美感,更促进了学生们对真善美的感知和追求。

(二)"布"一样的本领,练综合能力

在扎染和蓝印花布的非物质文化遗产传承实践中,造型是不可缺少的一部分。孩子们学会了抓住物体的形象特征,将蓝印花布独有的断点断线断面的艺术形式与造型相结合,并运用特定的艺术表达形式来呈现。通过反复修改画稿,孩子们学会了把握形象。在不断的练习中,他们体会到了创作的艰辛和成功的喜悦,逐渐成长并展现出自信的光芒。

在扎染和蓝印花布的技法中,动手综合能力是至关重要的。学生们不仅需要进行绘画表现,还需要掌握扎、绑、刻印、染色、刮浆等多种综合技能。在制作过程中,他们不断挑战自己,从画稿、刻版、上浆、染色到刮浆工艺等,

都需要力量、细心、坚持、专注、构图、造型、组合等多方面的综合能力的锻炼。

在蓝印花布的实践中，发生了许多小故事，这些故事成为孩子们成长的见证。在亲身参与的过程中，他们得到了锻炼和成长。学生们学会了专心和专注，他们遇事思考并做出决策的能力逐渐得到提升。在蓝印花布的实践中，学生们接受着"安静专心"的要求，坚持专注地完成每一个步骤。这样的实践锻炼了他们的自律和专注力，培养了他们思考和解决问题的能力。

学生们通过创作实践感受到成长的喜悦。他们在这个过程中培养了多方面的能力，不仅发展了艺术和手工技巧，还锻炼了动手能力、专注力以及思考问题和解决问题的能力。通过实践的积累，他们逐渐成长并展现出自信绽放的个性和潜能。

（三）"布"一样的想法，爱创新创造

在扎染和蓝印花布的创作中，师生们发挥各自的智慧，寻找到了许多创新的点子。他们在各种技法和材料的使用上进行探索，并进行实践。

在刻版的制作上，他们开始使用防水纸来替代传统的刷桐油防水的工序，这样可以减少工序的复杂度。而在刮板的选择上，他们采用了烘焙硅胶板，这种材质具有良好的刮擦效果。为了方便调防染浆，他们使用电动打蛋器来搅拌。同时，为了提取绞股蓝染料，他们利用破壁机进行处理。而番茄酱瓶子的喷头则成了填充防染浆的好工具，使得印制白底蓝花的蓝印花布效果更加出色。

另外，他们还探索利用生活中的各种花布进行防染处理，从而获得具有花色效果的印花布。他们还综合运用了点染、刷染、草木染等多种技法，实现了复色印染的效果。这些创新的应用使得学生们的创造力被点燃，传统的刻版技法焕发出不同寻常的魅力。

通过这些创新的尝试和实践，扎染和蓝印花布的传统技法得以注入新的活

力。师生们不断寻找材料和技法的结合点,利用各种设备和工具来提升效果和便捷性。这些创新的实践促使扎染和蓝印花布艺术继续发展,同时也激发了学生们的创造力和想象力。

(四)"布"一样的团队,懂互帮互助

布艺非遗项目不仅是个体的创作实践,也是团队协作的过程。在布艺课堂中,"鑫小"组建了协作团队,每个孩子都根据自身的个性和能力被分为4人小组,并明确了各自的分工。在课前,教师发放用具和材料,课后则负责收纳工具和材料。整个过程中,小组成员通过合作讨论,相互修改画稿,并且先完成的同学会帮助进度慢一些的同学。在活动结束后,孩子们还要一起整理并负责打扫卫生。在这样的互帮互助中,孩子们不仅学会了团队协作,还在合作中共同成长。

学校全体师生都共同参与、体验、学习布艺非遗项目,传播关于非遗的文化。这个项目融入美术课堂、专家讲坛、特色社团、多彩活动中,积极传承着中华优秀非物质文化遗产技艺和独特的中华文化。这些非遗的种子悄悄地在孩子们的心中生根、发芽,增加了师生的文化自信和民族自信,筑牢了他们的中国心和民族魂。

(内容提供者:毛秋月)

第二节 发展的需要——展现非遗的传承力量

在布艺教学的发展过程中,展现非遗的传承力量是不可或缺的需求。传统工艺作为民族文化的根基,承载着丰富的历史和文化内涵。然而,随着现代化的发展,传统工艺逐渐被时代淘汰。"鑫动"布艺课程,不仅能够让人们重新认识和理解传统工艺的价值,更能够激发新一代对非遗的兴趣与热爱。当学生将自己的布艺作品展示出来时,观众不仅能欣赏到传统工艺的精湛技艺,更能感受到其中蕴含的文化魅力和传承精神。这样的展示让人们意识到传统工艺不仅是一种技术,更是一种文化传承的载体,承担着历史、民俗和艺术的丰富内涵。

通过参与非遗传承团队和传统艺术家的合作,学生们能够亲身感受到传统工艺的魅力和深度。他们与老一辈艺术家的交流不仅传承了技艺和经验,更深入了解了传统工艺背后的故事和文化内涵。这种深入交流激发了学生们对非遗的兴趣和热爱,让他们意识到自己承担着传统文化的继承责任。

"鑫动"布艺课程的展示也成了激发学生创造力和独特表达能力的舞台。学生们通过自己的创作和实践,将传统工艺与现代元素相结合,展现出新颖的艺术风格和个人特色。这样的创新让学生们意识到传统工艺可以与现代生活相结合,创造出更具时代特色的作品。

在"鑫动"布艺课程的发展过程中,"鑫小"意识到展现非遗的传承力量是必要的。为此,学校采取了一系列措施来推动课程的发展和提升。

首先,学校注重传统文化的宣传和教育。为了让学生更好地了解和学习传统布艺技法背后的文化意义,"鑫动"布艺课程专门开设了非遗教育课程。在这门课程中，学生们通过课堂教学、文化讲座和参观考察等方式，深度探索非遗的传承价值和艺术魅力。这样的教学方法不仅丰富、提高了学生们的知识和技能，更激发了他们对传统文化的兴趣和热爱，并培养了对非遗相关的文化的认同感和自豪感。

其次，学校积极组织非遗展览和活动，展示学生们的布艺作品和创意。这些展览和活动不仅在学校内部引起了学生和教师们的极大关注，更吸引了社区和媒体的参与与关注。通过展览和展示的形式，学生们的作品得到了更广泛的认可和传播，从而展现了非遗的传承力量。

学校定期举办非遗布艺展览，将学生们的作品展示在校园内的艺术展览区域，让更多人有机会欣赏到学生们的才华和创意。这些展览吸引了许多观众，包括学生们的家庭成员、其他班级的同学以及其他学校的师生。通过观赏学生们的作品，观众们能够亲身感受到非遗布艺的独特魅力和文化内涵。

这些展览和活动的举办，不仅让学生们有机会展示自己的创作才华，更展现了非遗传承的力量和价值。学生们的作品既传承了传统工艺的精髓，又融入了现代元素和个人创意，呈现出独特的艺术风格。观众们通过欣赏学生们的作品，不仅能够欣赏到非遗布艺的美感和精湛技艺，更能深刻理解非遗的传承力量和文化魅力。

另外，学校鼓励学生参与非遗传承团队和社区合作，让他们与传统布艺师傅进行互动和交流。这样的交流和合作使得学生们能够更加深入地了解传统技法的传承和应用，并与传统艺术家共同创作，展现了非遗的创新和活力。

学校积极组织学生参与非遗传承团队的活动，让学生们有机会与传统布艺师傅进行学习和交流。学生们通过观摩和实践，了解传统布艺技法的细节和精髓，更加熟悉传统工艺的工具和材料。与传统艺术家的互动不仅传承了技艺和经验，更深入了解了非遗背后的故事和价值。这样的交流让学生们对传统工艺有了更深刻的认识，激发了他们对非遗的热爱。

除了与传承团队进行交流，学校还鼓励学生与社区合作，让他们参与非遗项目的推广和创作。学生们与社区居民合作，将传统布艺技法与现代生活相结合，创作出具有时代特色的作品。他们通过与社区合作，了解社区的需求和特色，为社区创作出符合当地文化和风格的作品。这样的创作不仅展示了非遗的创新力和适应性，也让学生们直接参与到社区文化建设中去，提升了他们的责任感和参与意识。

学生们与传统布艺师傅和社区的合作不仅促进了传统工艺的传承与发展，更展现了非遗的创新和活力。学生们能够从传统中汲取灵感，将传统技法与现代审美相结合，创作出独具个性的作品。这样的合作为学生们提供了一个展示自己才华的舞台，同时也展示了非遗的魅力和时代价值。通过这些努力，学校的"鑫动"布艺课程得以充分展示非遗的传承力量。学生们不仅学到了传统技法和技巧，更深刻地理解和感受到非遗的文化底蕴和独特之处。他们的作品和创意通过展览和展示的形式传达给更多的人，展现了非遗的传承与创新。

传承非遗之韵：校园民间非遗活动全面展开

一、从扎染历史需求谈起

中华文化源远流长，它对人类社会和世界文明进程产生了重大影响。这条不曾间断的文化长河中蕴藏着浩瀚精深、灿若繁星的非物质文化遗产。我们的先辈们一代代地将炎黄血脉凝结其中，世代相传，直至今天。作为各族人民智慧的结晶，中国非物质文化遗产的创造过程始终与灿烂的中国文明历史进程紧密联系在一起。在中国文明的进程中，这些非物质文化遗产为中国各族人民构筑起安身立命的精神家园。

扎染是我国传统的手工染色工艺，有着悠久的历史，古称"绞缬"。据史料记载，这种染色工艺早在秦汉时期就已经被我国西南地区的少数民族所掌握。经过不断发展，东晋时，扎染工艺在民间变得广为流传，历史上有名的"鹿胎紫缬"和"鱼子缬"扎染图案就出自魏晋南北朝时期。直至隋唐时期，扎染工艺更是风靡一时，唐人将之称为"撮晕缬"。彼时，人们已经能够用扎染工艺染出十几种颜色的织物，而在史料中记载的"绞缬"名称就有大撮晕缬、玛瑙缬、醉眼缬、方胜缬、团宫缬等。

北宋初，扎染工艺仍然盛行。不过在宋仁宗天圣年间，只有士兵能穿戴缬类服装，民间禁止使用缬类制品，这使得中原地区的扎染工艺一度失传，而这项规定直到南宋时期才被废除。明清时期，洱海白族地区的染织技艺达到很高的水平，出现了染布行会。明朝的洱海卫红布、清代的喜洲布和大理布均是名噪一时的畅销产品。自此以后，我国的扎染工艺进入了稳步发展时期。除了技艺越来越高超外，居家扎染也变得越来越普遍。到了民国时期，以一家一户为主的扎染作坊密集分布在周城、喜洲等乡镇，这些地方成为名传四方的扎染中心。现今，扎染这项传统工艺也得到了许多艺术家和印染工作者的重视，他们在旧有工艺的基础上，结合新材料、新工艺，进行了大胆的创新，使古老的扎染工艺重新焕发了青春。

现代扎染是针对传统扎染、蜡染和蓝印花布这三种传统染色工艺提出的一个全新概念，是运用现代技术制作的具有现代审美的商业性艺术产品。现代扎染不仅工艺变化多样，而且图形风格的审美取向更具有多样性。扎染审美风格的差异性，源于扎染艺术风格、工艺手法、历史演变和民族文化等方面的不同，也是扎染文化顺应时代创新和发展的结果。受不同流行文化的影响，现代扎染整体有精致写实、现代写意、田园乡村、后现代等风格。

扎染最大的魅力就在于颜色的不稳定性，与中国的泼墨山水画极其相似，极富写意性。到了20世纪80年代，那时的年轻人受西方文化的影响，开始向往自由，希望摆脱物质上的束缚，而自然、独特的扎染元素正好符合他们的精神追求，所以扎染服饰又成了一种自由的文化标志。扎染元素也因此得以大量传播，从而逐渐成为一种全球流行的时尚元素活跃在国际时尚舞台上。

二、从扎染到非遗布艺进校园，促学生全面发展

逐渐地，扎染这一非物质文化遗产被越来越多的人所关注，它在不经意间就走进了我们的心里。特别是对于学生来说，它更加具有重要的现实意义。教育部在2018年"文化和自然遗产日"期间举行的全国非遗保护工作座谈会讲话中提出要"推动非遗融入国民教育体系，支持非遗活动进校园，非遗知识进课堂、进教材，发挥非遗在青少年健康成长中的积极作用"。这段话传递出来一个重要信息，就是要"推动非遗进入国民教育体系"。显然，未来一段时间内，"非遗教育"将成为国民教育体系中不可或缺的一部分，并且需要逐步实现制度化、系统化和规范化。因此，准确把握"非遗进校园"的本质意义将确保这项工作始终走在正确的轨道上。

"鑫小"一直以来都高度重视传统非遗的传承与发展。自建校以来，我们不断开展各类非遗民间布艺文化活动，从扎染布艺到全方位的探索，打下了扎实的基础。为了全面实施素质教育，学校特别注重在校园内建设非遗民间布艺课程基地，以此为有效载体，大力发展校园民间关于非遗的文化。

第一，校园非遗民间布艺课程基地建设。学校加强非遗民间布艺课程基地的建设，为学生提供了深入学习和实践非遗的平台。通过专业老师的指导，学生们能够亲自参与非遗布艺技艺的学习和实践，了解传统技法的精髓和独特之处。课程基地的建设也包括了相关设备和材料的配备，为学生提供了良好的学习条件和环境。

第二，创新校园文化活动内容。学校致力于创新校园文化活动的内容，注重将非遗融入学生的日常生活。通过展览、比赛、讲座等形式，学生有机会展示自己的创作成果，并与他人分享交流。校园内也会定期举办相关的非遗活动，吸引学生的参与，并通过活动引发学生对传统文化的兴趣和热爱。

第三，提升文化素养和对传统文化的认知。通过加强非遗民间布艺课程基地的建设和开展丰富多样的校园文化活动，学校努力提升学生的文化素养和对传统文化的认知。学生们通过参与非遗布艺技艺的学习和实践，深入了解传统技法的独特之处，培养了对传统文化的敬爱和热爱之情。同时，通过参加展览、比赛、讲座等形式的校园文化活动，学生们有机会与专业人士进行交流，拓宽视野，加深对传统文化的认识和理解。

这样的教育环境和活动形式有助于激发学生的创造力和创新意识，培养他们对非遗民间布艺文化的兴趣和热爱之情。通过亲身体验和实践，学生们能够更加深入地了解传统文化的内涵和价值，并在创作中融入当代元素和个性风格，推动传统文化的传承与发展。

这些活动和项目不仅帮助学生们加深对传统文化的认识，也提升了他们的文化素养和审美能力。学生们通过参与非遗民间布艺文化活动，感受其中的独特之处，并逐渐形成对传统文化的尊重和热爱。同时，他们也在创作中发挥想象力和创造力，以自己的方式注入当代元素和个性风格，为传统文化注入新的活力和时代内涵。

我们相信，通过这样的努力和探索，学生们能够深入了解非遗民间布艺文化，他们也通过实际操作亲身体验到传统工艺的精髓。这不仅有助于培养学生们的创造力和专注力，更为他们提供了一个发展才艺、展现个性的平台，同时，也为传统文化的传承和发展做出了积极的贡献。

三、传承特色文化，校园非遗布艺活动构建学校独特魅力

布艺作为一种传统的手工艺技艺，不仅能够传承和弘扬传统文化，也能够培养学生的社会责任感和实践能力，从而促进学校特色文化的建立。学生通过参与布艺制作，不仅能够了解和尊重非遗的独特魅力，同时也在劳动中锻炼了自己的实践能力、动手能力和团队合作能力。这种综合的劳动教育体验，为学生全面的成长和发展提供了宝贵的机会。

首先，非遗布艺活动能够激发学生对传统文化的兴趣和热爱之情。通过学习和体验非遗布艺技艺，学生能够深入了解传统文化的内涵和价值，增强对传统文化的认同感。他们可以通过观摩传统布艺作品的制作过程和欣赏大师级的作品，感受到传统文化的独特魅力，从而激发对传统文化的浓厚兴趣和热爱之情。这种兴趣和热爱会成为学生进一步探索、学习和传承传统文化的动力。

在扎染课程开发的过程中，学生运用多格绘画方式记录下自己扎染折叠的方法与过程，染色后的成品也在图册中直观呈现。扎染课程的开发做到了遵循学生的认知规律，在以学生为主体的尝试、探索、总结中持续不断更新（见图5-16）。

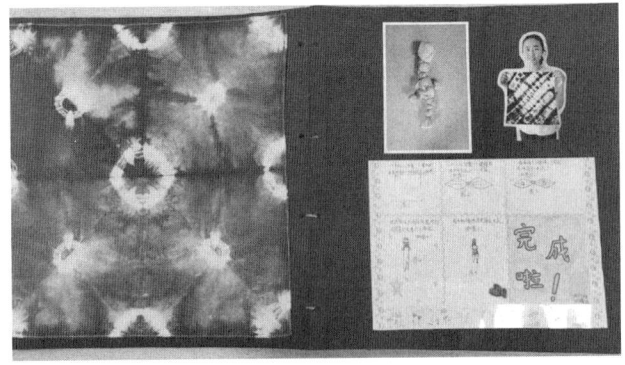

图 5-16 学生用绘画的方式记录扎染过程

其次，校园非遗布艺活动能够促进学生的全面发展。通过参与布艺创作，学生需要进行实际操作和实践，从而培养了耐心和细致性。布艺制作是一个相对细致烦琐的过程，学生需要仔细处理每一个步骤和细节，这锻炼了他们的耐心和细致性。这种耐心和的培养将对学生未来的学习和工作都有着重要的意义。

最后，布艺活动也能够锻炼学生的审美能力和创新思维。在布艺创作的过程中，学生需要运用色彩、图案等元素进行设计，通过选择不同的材料和运用创意，创作出独具个性的作品。这样的创作过程可以激发、提高学生的审美意识和审美能力，培养他们对美的敏感度。同时，布艺活动也能够鼓励学生发挥自己的创造力，勇于尝试新的方式和方法。通过不断的创新和尝试，学生能够培养出独立思考和解决问题的能力。

此外，还可以将布艺活动与其他学科结合，拓宽学生的知识面和视野。比如，在布艺活动中，学生可以通过选择特定的图案和元素来表达某个历史时期的文化特征，或者通过布艺的材料和工艺了解相关的自然科学知识。这样的跨学科融合不仅能够加深学生对相关知识的理解，还能够培养他们的综合应用能力和跨学科思维能力。

最重要的是，校园非遗布艺活动能够构建学校特色文化，并为学校打造独特的布艺文化氛围。通过学生的创作和展览，学校能够形成独具特色的布艺艺术展示，展示学校的艺术特色和人文内涵，丰富校园文化生活，激发学生的创作热情和艺术潜能。

一方面，校园非遗布艺活动为学生提供了创作和展示的平台。学生可以通过参与布艺的设计、创作和制作，将自己的想法和创意转化为具体的艺术作品。这些作品可以在学校内展示，让更多的人欣赏和了解学生的创作才华。这样的创作展示不仅能够展示学生个体的艺术成果，也能够展现学校整体的艺术氛围和教育理念。

另一方面，布艺作品可以成为学校的文化符号和标识。学校可以借助布艺作品来打造独特的校园文化形象，赋予学校特定的象征意义。布艺作品可以被应用在学校的标识标牌、校徽、校服等方面，成为学校的象征性符号，增强学校的凝聚力和认同感。这样的校园文化标识不仅能够为学校带来独特的形象，还能够让师生、家长和访客在视觉上感受到学校的文化特色。

此外，校园非遗布艺活动还能够促进学校与家庭、社区的交流与合作。学生在布艺活动中可以邀请家长、社区志愿者等共同参与创作和展示布艺作品。这样的合作过程可以增强学校与家庭、社区的联系和互动，促进家校共育的合作模式发展。同时，学校还可以举办布艺作品展览、工艺展销等活动，以吸引更多的社区人群参与，使校园非遗布艺活动成为学校与社区共同分享的文化资源。

接下来，"鑫小"人将继续努力，进一步加强校园非遗民间布艺文化的建设和推广，致力于让非遗在学生的生活中扎根，让传统文化得到更好的传承和发展。通过这样的努力，"鑫小"能够培养出更具有综合素质和文化修养的学生，为传统文化传承添砖加瓦，同时也为丰富校园文化打下坚实的基础。"鑫小"非遗活动在美术课堂、专家讲坛、特色社团、多彩活动、布艺馆、笑脸墙、布艺交流廊等纵横交错的立线体中传承着中华优秀文化中的非遗传统技艺。坚持以"从娃娃抓起，学习并传承非遗"的理念，把民间布艺传统工艺及文化情怀与孩子们的稚拙朴素结合在一起，形成了"鑫小"独特的"鑫动"非遗民间布艺特色。布艺课程成为"鑫小"娃娃绽放笑容的最佳时刻。民间布艺非遗指导专家团队、非遗核心组教师们采用学科渗透和布艺社团相结合的方式，让孩子们充分感受布的花纹、质感、肌理、性能，创作出属于自己的一份惊喜。在此过程中,学生会进行一系列与德、智、体、美、劳相关的活动,真正做到了布艺文化与"五育并举",促进自身综合素质的发展。

教学案例 5-1:树叶水波纹

一、教学目标

1.学生通过欣赏,可以了解扎染树叶水波纹的制作方法,感知扎染中水波纹的纹理之美。

2.学生通过卷、捆、绑等方式,染出美丽的树叶水波纹。

3.学生在制作中感知扎染中水波纹的魅力,更加热爱扎染艺术。

二、教学重点

能够正确运用卷、捆、绑等方式进行树叶水波纹技法的操作。

三、教学难点

在捆绑的过程中可以绑紧皮筋,把树叶铺平整。

四、材料准备

白棉布、绳子、PVC 管子、皮筋、染料。

五、教学过程

1.将白布包在管子上(见图 5-17)。

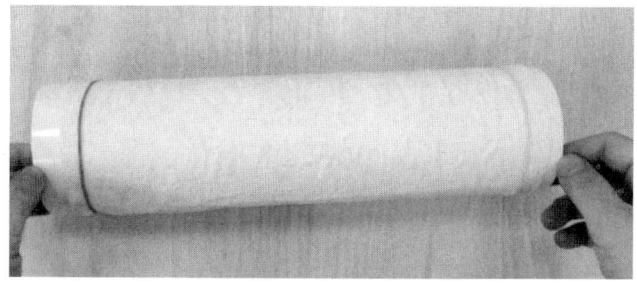

图 5-17 包裹白布

2.把打湿的叶子放在布上,叶子需要铺平整(见图5-18)。

图5-18 铺放叶子

3.用皮筋把树叶固定住(见图5-19)。

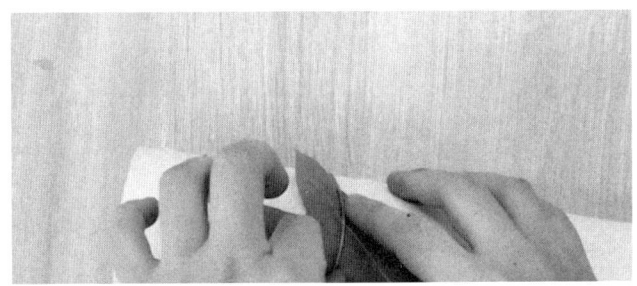

图5-19 固定叶子

4.将包装绳一圈一圈紧密地绕在圆筒上(见图5-20)。

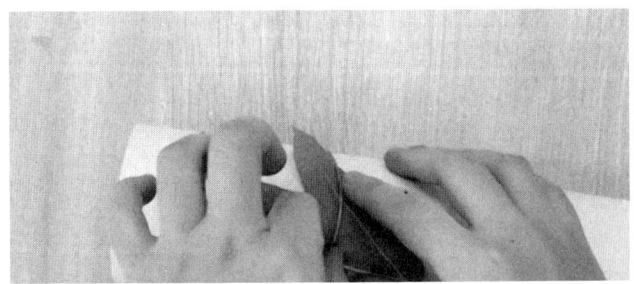

图5-20 环绕包装绳

5. 放入染盆中均匀浸染（见图 5-21）。

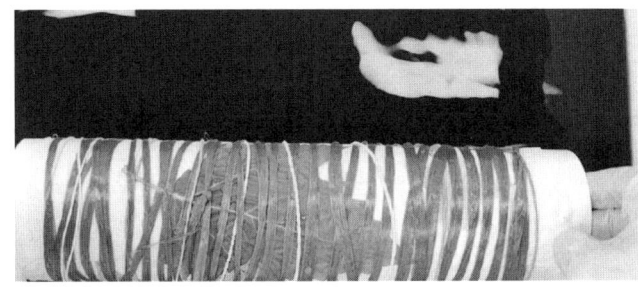

图 5-21 浸染

6. 拆开皮筋和包装绳（见图 5-22）。

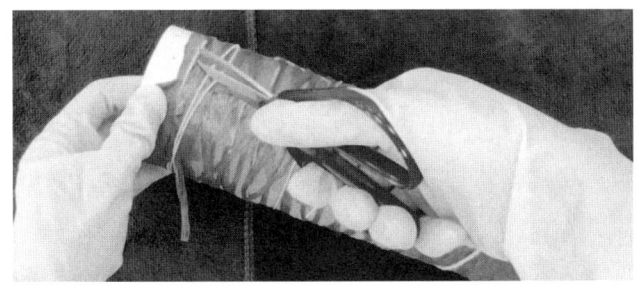

图 5-22 拆开皮筋和包装绳

7. 漂亮的树叶水波纹扎染作品就完成啦（见图 5-23）。

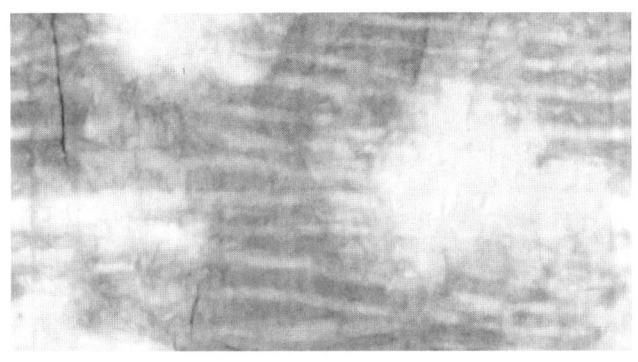

图 5-23 成品

拓展：可以尝试用不同的树叶和不同的植物染料，染出不同的树叶水波纹。

（内容提供者：王舒）

第三节 专家的引领——"鑫动"布艺系列课程的建构

专家的引领是"鑫动"布艺系列课程建构的重要支撑。在"鑫动"布艺课程的设计过程中，我们邀请了一批具有丰富经验和专业知识的非遗布艺专家，让他们为课程的教学内容和方法提供宝贵的指导和建议。

这些专家在布艺领域有着卓越的成就和很高的声誉，他们深入研究了非遗布艺的历史、技术和文化内涵，对传统工艺的传承和创新有着独到的见解。在课程建构的初期，我们与专家们进行了多次研讨，从课程目标、内容设置到教学方法，他们都给予了宝贵的意见和建议。

专家们的引领使得"鑫动"布艺课程能够更加符合学习者的需求和现代教育的要求。他们帮助学校确定了课程的核心内容，包括传统布艺技巧的学习、创作能力的培养等，同时课程也注重将现代元素与传统工艺相结合，以激发学习者的创造力和创新思维。

在课程实施过程中，专家们还担任了指导教师的角色，亲自授课并进行实践指导。他们通过示范和亲自指导，帮助学习者掌握布艺技巧，以解决实际操作中的问题，并通过点评和评价，为学习者的进步提供及时的反馈和指导。

一、专家的参与和建议

专家的参与和建议是"鑫动"布艺课程建构过程中极其重要的一环。专家凭借他们的专业知识和经验，为课程的设计和发展提供了宝贵的指导和建议，确保了课程的目标、内容设置和教学方法的科学性和有效性。

首先，专家参与课程建构的初期阶段，就为课程的目标制定提供了重要的指导。他们对布艺领域有着深入的了解,能够基于实际需求和学生的发展特点,制定出合理和具有挑战性的课程目标。专家们的专业视角和经验可以帮助课程开发团队清晰地确定课程所要达到的教育和培养目标,确保目标的可行性和适应性。

其次,专家在课程内容的设置上发挥着重要作用。他们可以根据学生的学习需求和年龄特点,对课程内容进行合理的划分和组织,以确保内容的系统性和层次性。专家的参与可以帮助课程设计团队选择适当的教材和学习资源,同时,专家还可以提供权威的布艺技术和创作实践指导,并结合最新的行业动态和研究成果,不断更新和丰富课程内容,使之与时俱进。

此外,专家在教学方法的选择和教学策略的制定中也起到重要的指导作用。专家们了解不同年龄段学生的学习特点和需求,能够根据实际情况制定相应的教学策略和方法。他们可以提供针对布艺技能培养的有效教学方法,如实践操作、示范讲解、实验探究等,并推荐适合的评价方法,以帮助教师全面了解学生的学习状况。

最后,专家的建议可以促进课程评估和改进。他们可以根据实际的教学情况和学生的反馈,对课程进行评估和分析,及时发现问题和不足之处,并提出相应的改进建议。通过专家的持续指导和建议,课程可以得到及时的优化和调整,从而提高教学效果,获得学习成果。

二、专家的教学指导

专家的教学指导在"鑫动"布艺课程中起到了至关重要的作用。除了参与课程设计过程,专家们还亲自扮演指导教师的角色,通过授课和实践指导,帮助学习者掌握布艺技巧,解决实际操作中的问题,并提供及时的反馈和指导。

专家的亲自指导可以使学习者快速掌握布艺技巧和创作方法。他们具备深厚的专业知识和丰富的实践经验，能够将复杂的技术和过程简化并明确传授给学习者。通过讲解和示范，专家能够帮助学习者理解布艺的基本原理、工具的使用方法以及不同材料的特点，从而提高学习者的技能水平和创作能力。

专家的指导在实践过程中起到了关键的作用。布艺技术和创作需要大量的实践操作，而专家的指导可以帮助学习者解决在实际操作中遇到的问题和困难。专家们能够针对学习者的具体情况提供个性化的解决方案，例如纠正操作上的错误、调整技术细节、提供创作灵感等。通过专家的实践指导，学习者能够更好地克服挑战，提高技术的熟练度和应用能力。

专家的反馈和指导对学习者的进步和提升至关重要。专家在学习者的实践表现中能提供及时的评价和反馈，指出学习者的优点和改进的方向。他们能够针对学习者的作品进行专业性的评判，帮助学习者发现和改善作品的不足之处，并提出具体的改进建议。专家的反馈可以激励学习者不断提高技术水平并培养良好的创作习惯和技术风格。

三、专家的专业知识与经验

专家们在布艺领域拥有丰富的专业知识和经验，他们的专业成就和声誉为"鑫动"布艺课程提供了坚实的学术支撑。

专家们通过深入研究非遗布艺的历史、技术和文化内涵，拥有丰富的学科知识。他们对不同地域和民族的传统工艺有着深刻的了解，并且对布艺技术的演变和创新有独到的见解。专家们熟悉各种传统的织造技术、绣花技巧和染色手法，能够揭示其中的奥秘和艺术性。他们通过对非遗布艺的研究，为课程提供了学术参考信息和教材内容，使学习者能够了解和尊重传统工艺的价值和魅力。

专家们通过丰富的实践经验，将传统工艺与现代元素相结合，激发学习者的创造力和创新思维。他们在布艺创作和设计领域有着卓越的成就，能够将传统的手工技艺与当代的艺术表现形式相融合。专家们熟悉不同材料的特性与应用，能够引导学习者灵活运用不同的形式、结构和色彩等元素创作出独具个性和创意的作品。他们的经验与指导帮助学习者掌握创作的技巧和方法，培养他们的独立思考和创新精神。

专家们还关注布艺文化的传承与推广，积极参与相关研究和社会活动。他们在行业内有着广泛的人脉和合作关系，与其他领域的专家和从业者进行交流和合作，以推动布艺领域的发展和创新。专家们不仅注重理论研究，也注重实践探索，他们通过自身的努力和成就，成为布艺领域的佼佼者和标杆。

综上所述，专家们在布艺领域拥有卓越的专业知识和经验，为"鑫动"布艺课程提供了坚实的学术支撑。他们的研究和实践成果不仅丰富了课程和教材的内容，更激发了学习者对布艺的兴趣和创造力。专家们通过将传统工艺与现代元素相结合，培养了学习者的创新思维和创作能力，推动了布艺文化的传承与发展。他们的专业知识与经验对学习者的学习效果和职业发展具有重要影响，为课程的成功实施和学习者的成长注入了动力和活力。

吴元新教授的蓝白人生

"鑫小"特聘国家级非遗传承人：吴元新教授（见图5-24）（南通大学蓝印花布艺术研究所所长，二级教授，中国工艺美术大师，国家级非物质文化遗产传承人，中国民间文艺家协会副主席，南通蓝印花布博物馆馆长）。

说起吴元新教授，无论如何也绕不开那一块"蓝印花布"。他为了蓝印花布终日忙碌，四处收集蓝印花布，家里的橱顶、床底以及各种大小柜里都被塞满了蓝印花布。白天，吴元新教授在博物馆里制作蓝印花布，接待参观的嘉宾，介绍蓝印花布图案艺术；晚上，他回到家就设计蓝印花布纹样，研究蓝印花布技艺。

吴元新教授起先从一名学徒做起，默默在蓝印花布的天地里耕耘不息，面对这个瞬息万变的时代，始终改不了他的那份蓝白情结，万紫千红终敌不过时光长河里的那抹蓝。40多年来，他一边开染坊、学染布，一边保护蓝印花布历史遗存，"专注、坚守、精进"，日复一日，年复一年，乐此不疲，并亲手创建了南通蓝印花布博物馆。馆内的每一件藏品几乎都有一段故事。他对蓝印花布的爱，是刻在骨子里的。

图 5-24 吴元新教授指导"鑫小"师生们的蓝印花布作品

一、蓝印花布中的传统工艺

蓝印花布印染工艺是从挑选优质坯布开始的。一般选用棉质好的上等白色布料，要求布面平、色质白、质地紧，普通坯布用于染制纯蓝色或制作其他生活用品。蓝印花布所用的棉布先要脱脂退浆，即将所选布料裁剪成12.5米/段，放入含碱的水中浸泡，一般加温至50℃以上，浸一天，然后将布料置于清水中浸泡2~3天，待布上的浆料发酵后，反复清洗，退尽余浆，取出晒干待用。

步骤一：替版

制作蓝印花布首先需刻制一张纸版，第一张刻制出的花版一般不用，而是当作母版替样后保存起来；之后进行印染需要纸版时，则需要用保存的母版进行替版；替版时先用自制羊毛刷帚（直径约为4~5厘米），一头包扎收紧，扎至2/3的部位，再用刷帚沾少许颜料把原样替下（见图5-25）。

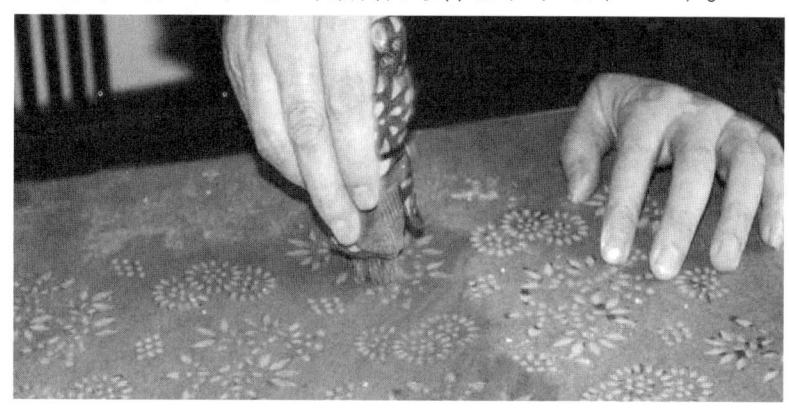

图 5-25 替版

步骤二：刻版

依据花版上的纹样，用自制的刻刀将纹样刻出，形成镂空花纸版（见图5-26）。

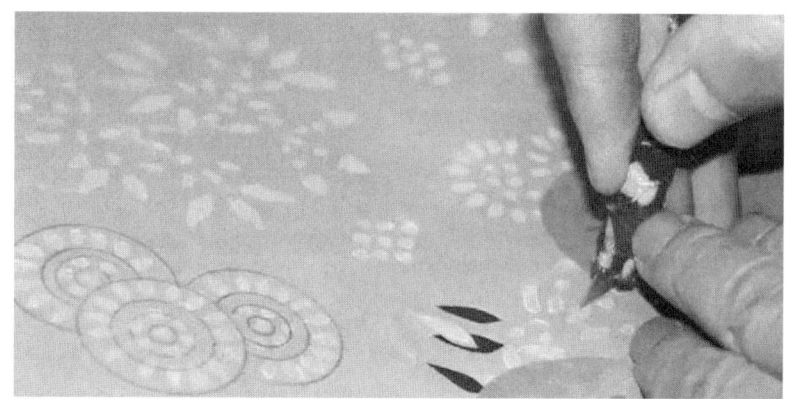

图 5-26 刻版

步骤三：上桐油

为了增加纸版的使用寿命，刻完纸版后需要反复打磨刻刀口并刷上桐油，使纸版光滑并防水（见图 5-27）。

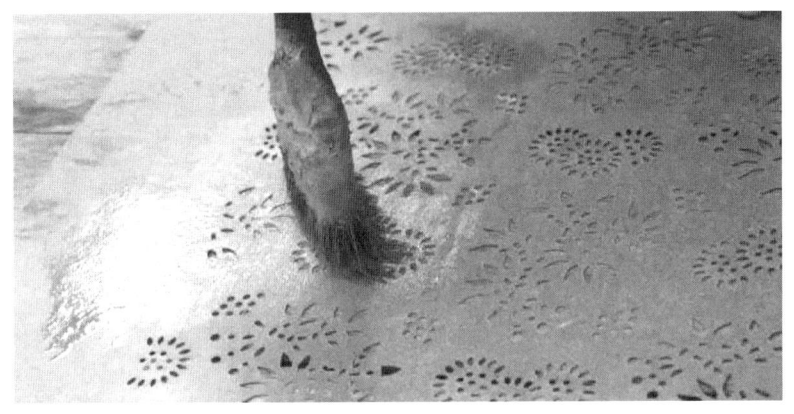

图 5-27 上桐油

步骤四：刮防染浆

将刷好桐油阴干的纸版置于白坯布之上，用刀将黄豆粉与石灰粉调制的防染浆刮在纸版上，浆从镂空纸版上漏下形成防染层（见图 5-28）。

图 5-28 刮防染浆

步骤五：染色

将刮好防染浆的布置于染缸中印染，一般经过6~8次反复入缸染色、出缸透风氧化，使布料达到所需的颜色（见图5-29）。

图 5-29 染色

步骤六：刮灰

染完色的布料晒干后，用刀刮去防染浆，即显出白色花纹；经洗涤后，布料蓝色部分愈蓝，白色花纹愈清晰（见图5-30）。

图 5-30 刮灰

步骤七：晾晒

蓝印花布的晾晒场景尤为壮观，晾晒架约为7米高，此为人工挑布晾晒所能达到的最高高度（见图5-31）。

图5-31 晾晒

由于在蓝印花布印染工艺过程中，防染浆会在面料的染色、晾晒过程中皲裂，形成微小细缝，使得染液会渗透其中，待防染浆刮去后，会形成自然的冰裂纹，但其丝毫不影响面料的蓝白美感，反而增加了蓝印花布的韵感，使蓝白之色更加协调自然，在白底蓝花的蓝印花布上效果尤为明显。每一块蓝印花布也因不规则形成的冰裂纹拥有了生命（见图5-32）。

图 5-32 吴元新教授的作品《奔马图》

二、蓝印花布中的传统纹样

蓝印花布源于秦汉、盛于明清，以全手工的印染技艺、简洁而纯朴的蓝白之美闻名于世，是中国传统的刮浆防染印花布。南通蓝印花布博物馆至今继承了这一古老的印染工艺，并不断地传承和发展。

南通蓝印花布分为蓝底白花和白底蓝花两种，其精湛的技艺和娴熟的刀法在我国传统印染中独树一帜。蓝印花布的魅力在于图案形式多样，内涵底蕴丰富。其纹样将点、线、面有机结合，利用老百姓喜闻乐见的吉祥图样营造出喜庆、祥和的气氛。此外，值得一提的是蓝印花布框架式的结构，这种结构使画面主体更加突出，蓝白布局对比更加强烈，在粗犷拙朴的造型之中更显刀法线条的流畅。

从古到今，蓝印花布的传统纹样大都蕴含着祈福等含义，"平安富贵""龙凤呈祥""喜鹊登梅""八仙过海""麒麟送子"等，都是代表着美好祝愿的意思。

然而在众多美好祝愿中，"节庆有余""年年有余"的流传面最广，故"鱼"

这个元素在蓝印花布中较为多见。以鱼为主题的还有"鱼戏莲花""鲤鱼跃龙门"等。

通常蓝印花布的图案取材于老百姓喜闻乐见的民间故事，但更多的是由动植物和花鸟组合成的吉祥纹样，采用暗喻、谐音、类比等手法尽情抒发了民间老百姓憧憬美好未来的理想和信念。因此，在民间的传统习俗上，蓝印花布占有相当的位置。

高瑞雷——从地摊小伙到金陵第一绣男

"鑫小"特聘南京市非遗传承人高瑞雷教授孩子们制作刺绣（见图 5-33）。

图 5-33 传承人高瑞雷教授孩子们制作刺绣

被誉为"金陵绣男"的高瑞雷，是南京市非物质文化遗产（布艺）代表性传承人，也是南京唯一的绣花男艺人，获得南京市政府颁发的"南京市工艺美术大师"称号和江苏省"三带"名人称号等荣誉。

"绣"源于根。高瑞雷，祖籍安徽，出身于一个绣花世家，外婆和母亲都是当地有名的绣娘，高瑞雷在家里三兄弟中排行老二，从小体弱多病，11 岁之前都没去上学，妈妈去哪儿他就跟到哪儿。记忆中，妈妈有双灵巧的双手，时常给乡亲的孩子做虎头鞋，周围邻居谁家要是遇上婚丧嫁娶都要找上门来订些绣品。耳濡目染下，他掌握了简单的刺绣技巧，有时也会帮助母亲做一些零散绣片的活儿。自古以来，凡绣艺超群者，无不勤勉刻苦，他参考外婆当年留下的珍贵鞋样，在反复的摸索中练就了扎实的基本功。

"艺"展于世，学成之后，高瑞雷返回南京，开始了艰难的创业之路。起初，高瑞雷并不知道南京人是否喜欢这些花花绿绿的民间传统手工艺。抱着试试看的心态，他在新街口天桥上摆起了摊，把精心绣制的老虎鞋、挂在身上的香囊、钥匙扣拿出来卖，没想到销量还不错。这些充满中国风的小物件可是外国人最喜欢的东西！（见图5-34）

图 5-34 高瑞雷大师的刺绣作品

传业有善心。高瑞雷常说,刺绣既是一种学习,也是一种坚持。除了数十年如一日地保持着对刺绣事业的热爱,不变的还有他内心的善意。传统文化的传承就是因为一些全力以赴、心怀大爱的人日复一日地重复、坚持。剔除了喧闹、纷杂、诱惑,留在手艺人心里的是自在、平和、专注。高瑞雷通过多年来积累的刺绣经验,将毕生精力奉献给刺绣事业,其间获得过许多奖项,但他从不骄傲。他亲手制作的每一种布艺刺绣,都承载着厚重的中国传统文化与民族精神。

(内容提供者:毛秋月)

第四节 收获的喜悦——"鑫动"课程的积极影响

"鑫动"布艺课程作为一门融合了实践、创造性和劳动教育的课程,为学生提供了一个独特的学习平台。在探索中,学生收获了乐趣,并且通过劳动教育的引导,培养了勤劳、耐心、合作和解决问题的能力。这门课程为学生的全面发展奠定了基础,让他们在未来的学习和生活中受益匪浅。

"鑫动"布艺课程激发了教师的创造力并促进其成长,使他们能够通过这门课程发挥自己的创造力和艺术才华,将专业知识和技巧传授给学生。教师在课程中扮演着引导者的角色,通过激发学生的兴趣和潜能,引导学生进行自主学习和探索。这不仅丰富了教师的教学方法和内容,也增强了他们对学生的指导和关爱。

通过开发"鑫动"布艺课程,"鑫小"不仅仅丰富了学生的学习内容,还带来了许多喜人的收获。课程丰富了学校的课程体系,拓宽了学生的学习领域。学校通过与专家合作,引进了优质的教学资源和教材,提升了教学水平。同时,"鑫动"布艺课程的推广也为学校树立了良好的形象,使学校形成了特色,吸引了更多家长和学生的关注和参与。

一、学生的收获

(一)培养创造力和想象力

通过参与"鑫动"布艺课程,学生获得了宝贵的机会,能够自由发挥创造力和想象力,在布艺制作中表达自己独特的想法和创意。课程鼓励学生思考和解决问题,培养了他们的创造性思维和独立思考的能力。

在课程中,学生受到启发和鼓励,被激发出发挥创造力的潜能。他们可以自由选择布料、配色和布局,通过设计和制作布艺作品来呈现自己独特的想法和创意。学生不再局限于传统的模式和惯例,而是被鼓励尝试新的设计和创作方式。他们学会了运用布料的纹理、色彩和形态进行创作,培养了对美的敏感和艺术审美的能力(见图5-35至图5-38)。

图5-35 学生蓝印花布作品(一)

图5-36 学生蓝印花布作品(二)

图 5-37 学生蓝印花布作品（三）

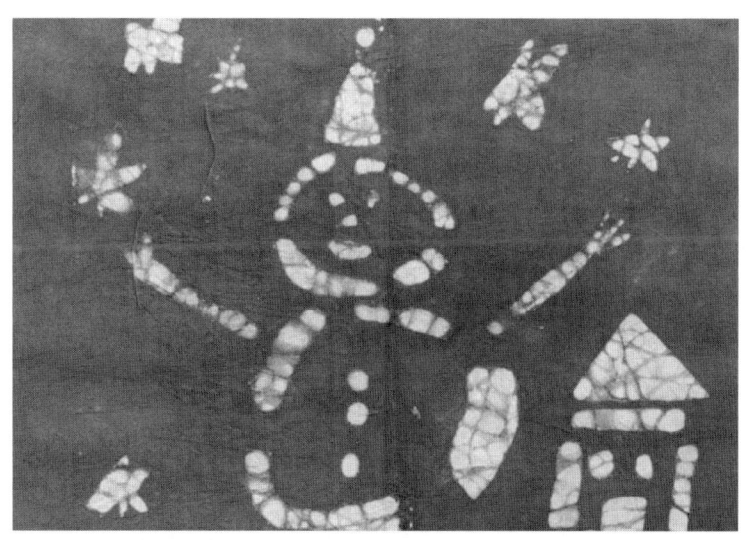

图 5-38 学生蓝印花布作品（四）

同时，布艺制作的过程也锻炼了学生思考和解决问题的能力。他们需要面对各种布料的特性和特点，思考如何将想法转化为实际的作品。在制作的过程中，学生会遇到一些挑战和难题，需要通过思考和实验找到解决办法。这种思考和解决问题的能力是培养创造性思维和独立思考的关键。

(二)培养劳动技能和劳动素养

在参与"鑫动"布艺课程的过程中,学生们不仅学会了布艺制作的技巧,更重要的是培养了劳动素养和劳动技能。他们通过不断的实践和努力,掌握了布艺制作的基本技巧和方法,并在实际操作中不断提升自己的技能水平。

课程中,学生们学习了不同染料植物的特性和使用方法,了解了从植物中提取颜料的过程。他们通过亲手参与染料植物的种植和养护,学会了如何培育和管理植物。在收获的过程中,学生们还掌握了植物染料的提取和使用技巧,通过实践操作体验到了自然染色的魅力。通过染料种植的内容,学生们不仅能够掌握布艺制作的基本技巧,还学会了利用自然材料进行创作的方法。他们了解了植物在染色过程中的变化和效果,培养了对自然环境的敏感性和欣赏力,并体验到了自然与艺术的融合之美。

扎染的染料是以板蓝根、绞股蓝等植物染料为主。到了收获的季节,学生会亲自收割,在教师的指导下沿用民间传统工艺进行浸泡、搅拌、打蓝、发酵,最终沉淀为蓝靛泥(见图5-39至图5-41)。学生在用蓝靛泥染布时,收获的不仅仅是扎染作品,更是对自己辛苦付出的回报和对传统非遗扎染文化的认同感、传承的使命感。

在布艺制作的过程中,学生们会遇到各种挑战和难题,需要用耐心和坚持去克服它们。他们可能需要多次尝试,不断调整和改进自己的作品,直到达到满意的效果。学生们通过这个过程培养了耐心、毅力和坚持到底的品质,这些品质将对他们在学业和生活中的发展起到积极的推动作用。

同时,通过参与劳动性质的布艺制作,学生们也能够深刻体验到劳动的价值和意义。他们逐渐意识到劳动不仅是实现目标和创造价值的重要手段,也是提升个人能力和素养的关键途径。通过实际操作和努力付出,学生们体会到辛勤劳动所带来的成就感和满足感，明白劳动的重要性和必要性。

图 5-39 学生在观察植物

图 5-40 学生在给植物浇水

图 5-41 学生在制作染料

这些培养的劳动素养和劳动技能将对学生们的未来发展产生重要的影响。无论是在学习、工作还是生活中，他们都能够运用这些素养和技能，勇于面对挑战并持之以恒地追求自己的目标。因此，"鑫动"布艺课程为学生们提供了宝贵的实践性经验，为他们的未来发展奠定了扎实的基础。

（三）增强自信心和提高自我表达能力

在"鑫动"布艺课堂中，学生们不仅能够展示自己的创作成果，还能够获得成功的喜悦。这种成功经历增强了他们的自信心。学生们在完成布艺作品后，会获得一种成就感和满足感，他们看到自己创作的作品得到了认可和赞赏，从而对自己的能力和才华产生了更大的信心。

这种增强的自信心不仅仅体现在布艺领域，它还对学生们在其他方面的自我表达和尝试起到积极的推动作用。学生们通过布艺课程的经历，学会了展示自己的独特想法和创意，他们可以自豪地在展示会或其他场合展示自己的作品。这种积极的自我表达能力让他们更加乐观、积极地面对生活中的各种挑战和机遇。

非遗扎染专家与本校美术教师通过采用学科渗透与扎染社团相结合的方式，让学生充分感受扎染的花纹、质感、肌理、性能，通过创作独一无二的扎染作品，让他们体会成功的喜悦，激发他们再学习的兴趣和欲望（见图 5-42 至图 5-45）。

图 5-42 学生的扎染作品（一）

图 5-43 学生的扎染作品（二）

第五章 "鑫动"布艺的课程故事，寻民族文化之根

图 5-44 学生的扎染作品（三）　　图 5-45 学生的扎染作品（四）

此外，学生们在课程中也会与同学们进行交流和合作，共同完成布艺作品。通过与他人的互动和合作，学生们提高了自己的人际交往能力和团队合作能力。他们学会了倾听和尊重他人的意见，学会了与他人沟通和协调。这种良好的人际关系和团队合作的经验对学生的个人发展和未来的职业道路都非常重要。

二、教师的收获

（一）丰富教学内容和方法

参与"鑫动"布艺课程不仅给教师们带来了机会，也给他们带来了挑战和收获。这门课程让教师们能够在教学中引入多样化的创作活动，从而拓宽了教学内容和方法，提高了课堂的吸引力和互动性。

通过"鑫动"布艺课程，教师们发掘到了创作活动的无限潜力。他们不再局限于传统的教学模式，而是通过布艺的创作，引导学生们探索自己的创意和想象力。教师们可以通过让学生们设计、制作布艺作品，激发他们的创造力和创新思维。这样的创作活动不仅培养了学生的艺术修养，还锻炼了他们的动手能力和解决问题的能力。

同时，这门课程也为教师们带来了新的教学方法。他们可以通过展示、展

览和分享学生作品的方式,让学生们更好地展示自己的成果和进步。教师可以组织学生参加布艺比赛、校内外展览等活动,为学生提供更广阔的展示平台。通过这样的互动和交流,教师们能够了解学生们的需求和兴趣,调整教学内容和方法,进一步提高课堂的吸引力和互动性。

(二)提升专业能力和水平

"鑫动"布艺课程为教师们提供了与专家合作的机会,从而使他们获得了专业的指导和培训,帮助他们提升了布艺技能和艺术鉴赏能力,进一步提高了教师们的教学能力和水平。

教师在与专家合作的过程中,不仅得到了专业知识的分享,还能够学习到先进的制作技巧和艺术观念。专家们通过分享自己的经验和见解,指导教师们在布艺制作方面进行技术上的提升和创新。教师们通过与专家的互动和交流,了解到最新的布艺设计趋势和艺术发展动态,拓宽、提高了自己的艺术视野和审美观念。

此外,专家们还为教师们提供了针对布艺课程的教学培训,帮助他们掌握更有效的教学方法和策略。教师们学习到如何引导学生进行布艺创作、如何评估和指导学生的作品等重要教学技巧,提升了自己的教育能力和教学水平。

通过专家的指导和培训,教师们不仅在专业能力和技能方面得到了提升,还在教学中获得了更多的信心和能力。他们能够更好地应对学生的需求和挑战,提供更精准的指导和支持,帮助学生们取得更好的学习成果和艺术表现。

布艺文化通过省、市、区级教研活动、区际校际的交流、沉浸式的布艺体验等多种途径散播,以点带面,从校内辐射到校外,让越来越多的人爱上了布艺艺术。扎染课程的开发有利于学生全方位地认识布艺、了解布艺、传承布艺、推广布艺,更是振兴了中华优秀的传统文化(见图5-46至图5-48)。

第五章 "鑫动"布艺的课程故事，寻民族文化之根

图 5-46 毛秋月老师在作布艺讲座

图 5-47 陈璐老师在布艺课堂中与学生共同探讨

图 5-48 王舒老师在开学第一课中指导学生体验扎染技艺

195

（三）获得教学成就感和满足感

参与"鑫动"布艺课程让教师们感受到了教学的成就感和满足感，激发了他们对教育事业的热情和动力。

在"鑫动"布艺课程中，教师们见证了学生们的成长与进步。他们鼓励学生们发挥自己的创造力，并提供支持和指导。当教师们看到学生们自豪地展示自己的成果时，他们感受到教学的成就感和满足感，并深深地感受到教育所带来的意义和价值。

除了学生们的成果外，教师们还能够目睹到学生们在课程中的积极变化和成长。他们看到学生们逐渐克服布艺制作中的困难，提高了自己的动手能力和创造力。通过参与课程，学生们不仅在技能上得到了提升，还培养了耐心、坚持和团队合作等品质。教师们看到这些变化，感到由衷的欣慰和满足，知道自己的付出得到了回报。

教师们获得教学成就感和满足感后，对教育事业充满了更多的热情和动力。他们深知自己的工作对学生的成长和未来有着重要的影响，而"鑫动"布艺课程则给予了他们更多的启发和鼓舞。教师们在教学中感受到学生的进步和成就，会更加坚定自己对教育事业的热爱和投入。

三、学校的收获

（一）丰富教育资源和特色课程

通过开展"鑫动"布艺课程，学校拓展了丰富的教育资源并打造了特色课程，为学生提供了多样化的学习机会。这门特色课程丰富了学校的课程体系，为学生提供了一种与传统学科不同的学习路径。这种多元化的学习体验能够激发学生的兴趣和创造力，满足不同学生的需要。

"鑫动"布艺课程的开展为学校的教育品牌和竞争力提供了一种特色和优

势。学校通过提供与众不同的课程，能够吸引更多学生和家长的关注和兴趣。这种特色课程的存在能够突出学校的办学特点，展示学校在多元化教育上的努力和成就，提高学校的知名度和声誉（见图5-49）。

图5-49 "鑫小"成为秦淮区非物质文化遗产教育特色学校

借助"鑫动"布艺课程，学校可以拓展与社区和社会资源的合作。通过与专业机构、非遗传承人或者当地工艺品市场的合作，学校可以为学生提供更广阔的实践机会，扩展他们的视野和职业发展的可能性。这种合作也有助于学校与社区和家长之间建立良好关系，提高与外界的互动和交流。

因此，开展"鑫动"布艺课程为学校带来了丰富的教育资源和特色课程。这种特色课程能够满足学生的多样化需求，提高学校的教育品牌价值和竞争力，打造出独特的办学特色。同时，通过与社区和社会资源的合作，学校还能够扩展学生的实践机会和职业发展的可能性。这些积极的影响使得"鑫动"布艺课程成为学校发展中不可或缺的一部分。

（二）提高教育质量和学生吸引力

"鑫动"布艺课程的开展不仅为学校带来了丰富的教育资源和特色课程，同时也提高了学校的教育质量和吸引力。这门特色课程为学生提供了一种全新的学习路径和学习机会，丰富了学校的教育体系。

通过"鑫动"布艺课程的引入，学校能够满足学生多元化的需求和兴趣。不同于传统学科，布艺课程激发了学生的创造力和想象力，培养了他们的艺术修养和审美能力。这使得学生可以获得更全面的教育，增加兴趣和投入度，提高学习动力和学习效果。

（三）增进师生和家校关系

"鑫动"布艺课程使得教师和学生有了更多的互动和合作机会，这加深了师生之间的了解和信任。教师在课程中扮演着指导者和激励者的角色，鼓励学生展示自己的创意和想法，并提供专业的指导和支持。学生在与教师的互动中感受到了关注和鼓励，建立起积极的师生关系。

同时，通过布艺课程，学生也有机会展示和分享自己的作品，与教师进行交流和反馈。他们可以展示自己的创意和劳动成果，倾听教师对作品的评价和建议，从中获取成长和进步的动力。这种互动和反馈机制促进了师生之间的密切沟通，共同推动学生的学习和发展。

此外，布艺课程还促进了学校与家长之间的密切沟通和合作。学校可以通过定期的展示会或开放日邀请家长来学校欣赏学生的作品，与教师进行面对面的交流和沟通。家长了解到学校在布艺课程上的努力和成果，同时也有机会了解和参与学生的学习过程。这种家校合作的机会增进了家长对学校的了解和信任，使家校共同关注和支持学生的成长。

第六章
"布"一般的传承，"鑫动"之花创意无限

　　当传统与创新相遇，一种独特而令人心动的艺术形式悄然绽放。布艺课程凝聚着岁月的智慧，用细腻的手艺，将布料编织成一幅幅令人心醉的图景，宛如一朵盛开的花朵，名为"鑫动"，蕴含着无限的创意与激情。

　　"鑫动"布艺课程，既是一段传承的旋律，也是一朵绽放的花朵。在这里，传统与创新交融，给予了布艺无限的可能。每一个孩子都能在这里找到属于自己的创作灵感，展现自己的独特风采。而作为观赏者，也会感受到一种无法言喻的美好，仿佛置身于一个充满艺术与梦幻的世界。

　　让我们共同走进这个布艺的世界，感受那一阵阵"鑫动"的魔力，让我们的心灵在这片创意的花海中翱翔。

第一节 传统印染实践课例

蓝印花布是国家级非物质文化遗产项目之一，距今已有1300年历史，是民间艺术中的瑰宝。它蓝白分明、质朴素雅、含蓄优美，简单、原始的蓝白两色演绎着淳朴自然、千变万化、绚丽多姿的文化和艺术积淀。蓝印花布的纹样图案来自民间，反映老百姓的喜闻乐见，寄托着他们对美好生活的向往和朴素的审美情趣。为蓝印花布的魅力所吸引，"鑫小"师生们传承着绘画、印稿、刻版、上浆、染色、刮浆等传统工艺，陶醉于端庄秀丽的文化韵味中。

"鑫小"的蓝印花布课程，是一门充满文化韵味与创造力的课程。通过学习蓝印花布，学生们不仅能够了解传统工艺的历史与发展，更能够培养对美的感知能力和创造力。蓝印花布作为一种独具特色的传统手工艺，具有浓厚的文化底蕴和深远的历史渊源。在学习的过程中，学生们会探索蓝印花布工艺的来龙去脉，了解其中所蕴含的深刻文化内涵。

而通过亲身参与蓝印花布的制作过程，学生们将直接感受到传统工艺的独特魅力和艺术感染力。他们将学习如何运用刻版、拓印和染色等技巧，将自己的创意转化为实际的作品。在这个过程中，他们需要观察、思考和实践，锻炼了自己对美的感知能力，提升了审美的品位。

这种培养对美的感知能力和创造力的方式有助于学生们打开心灵的窗户，激发自身的创作潜能。通过观察和研究蓝印花布的纹样和色彩，学生们能够汲取灵感，并将其应用到自己的创作中。他们可以表达自己独特的艺术观点，创造出独具个性的蓝印花布作品。

同时，学生们通过参与蓝印花布的学习和创作，也能够增强对文化传统和民族特色的认同感和自豪感。蓝印花布作为中国非物质文化遗产的代表之一，承载着丰富的历史和文化内涵。通过学习和创作蓝印花布，学生们将更深刻地理解和体验中国传统文化的独特之处，进一步增强自己的文化自信心和民族认同感。

印染课程内容丰富多样，旨在为学生们提供全面的印染技巧和知识。学生们将通过这门课程学习如何制作蓝印花布，从挑选合适的面料到使用特定工具进行蓝印花布的设计和印制。

首先，学生们将学习如何挑选合适的面料，了解不同材质面料的特点和适用性。他们将学习如何从市场上选择原料，以确保其质量和可印性。在面料选择的过程中，他们也会探索不同面料对印染效果的影响，进一步培养对材料特性和选择的敏感性。

其次，课程还包括教授不同的蓝印花布纹样和图案设计。学生们将了解传统蓝印花布的纹样，学习如何绘制和应用它们。同时，他们也会被鼓励尝试创造自己独特的设计，通过融入个人风格和创意来制作独一无二的作品。

最后，除了实践技巧和设计知识，课程还包括对印染工艺和文化背景的介绍。学生们将了解蓝印花布工艺的历史、发展和传统纹样的含义。他们将从理论上了解印染的原理和技巧，以及印染在不同文化中的应用和意义。

在课程的实施中，学生们将通过实践操作、小组讨论和展示等形式进行活动。他们将亲身体验到印染工艺的魅力和乐趣，逐步提高自己的技巧和创造力。教师会给予学生们充分的指导和反馈，以确保他们的学习进展顺利。

在课程的设置上，为了确保学生们能够充分掌握蓝印花布的技巧和知识，学校采用了理论与实践相结合的教学方式。学生们将在课堂上学习蓝印花布的历史背景和文化内涵。他们将了解蓝印花布是中国非物质文化遗产的代表之一，以及其在中国传统文化中的重要地位。通过介绍和讨论，学生们能够对蓝印花布的起源、发展和应用有更加深入的了解。

除了理论知识的学习外，学生们还有机会参观蓝印花布的生产工作坊，并与专业人士进行互动和交流。通过参观实地工作坊，学生们能够目睹蓝印花布的制作过程，了解现代工匠们是如何传承和发展这一传统手工艺的。在与专业人士交流的过程中，学生们不仅可以了解更多的实践技巧和经验分享，也能够感受到专业精神和创造力的力量。

在课堂的实践环节中，学生们将有机会亲身参与蓝印花布的制作过程。他们将学习如何准备面料、设计纹样、使用工具和材料进行印染等实际操作。通过亲手实践，学生们能够逐步掌握技巧，发展自己的动手能力和创造力。教师会给予学生们适当的指导和辅导，确保他们的学习顺利进行。

在课程结束时，学生们将有机会展示自己的成果，并接受评价和反馈。学校会举办蓝印花布的展览或分享会，让学生们展示自己的作品和创意。通过这种形式，学生们能够体验到成功的喜悦和分享的乐趣，同时也能够从他人的反馈中获得进一步的成长和提升。

课程评价不仅仅局限于对学生创作作品的评价，更重要的是对学生学习过程和思维能力的全面评估。教师在评价学生时会关注多个方面，包括创意想象能力、技艺掌握程度以及在团队合作中的表现等。

一方面，教师会重视学生的创意想象能力。他们会鼓励学生勇于表达个人的创意和想法，并在创作过程中给予积极的引导和反馈。教师会关注学生的作品设计的独特性和创新性，以及他们对纹样、色彩和结构的运用能力。通过评价学生的创意想象能力，教师能够激发学生更多的创作潜力，培养他们的想象力和创造力。

另一方面，教师会关注学生在艺术技巧方面的掌握程度。他们会评估学生们在蓝印花布制作过程中的实际操作能力，如刻版技巧、拓印技巧和染色技巧等。教师会关注学生们是否能够正确地运用工具和材料，以及控制色彩和纹样的准确性。通过评价学生的技艺掌握程度，教师能够指导学生进一步提升他们的技术水平，提高作品的质量和表现力。

此外，教师还会评估学生在团队合作中的表现。蓝印花布课程常常涉及合作项目，学生需要与同伴一起协作共同完成一件作品。在团队合作中，教师会关注学生的沟通能力、合作精神以及分工合作的效率。通过评价学生在团队合作中的表现，教师能够帮助他们培养良好的协作和沟通能力，提高集体创作的成果和效果。

除了教师的评价意见外，学校还采用了多元化的评价方式来全面了解学生在蓝印花布课程中的学习和发展情况。

其中一种评价方式是同学间的互评。在课程结束时，学生们可以相互交换作品，并进行评价和反馈。这种互评的方式能够帮助学生们培养批判性思维和审美眼光，同时也增加他们对他人作品的欣赏和理解。通过互相评价，学生们可以获得来自同龄人的意见和建议，进一步改进自己的作品和技艺。

另一种评价方式是组织专家进行评审。教师会邀请专家来评审学生的作品。通过与专家的交流和评审，学生们能够获得更全面、深入的专业指导，进一步提高自己的艺术水平和创作能力。

教学案例6-1：蓝印花布

年级：六年级

课题：蓝印花布

课时：第一课时

遇见布艺，"鑫动"生花 南京市鑫园小学劳动教育的特色实践

一、教学目标

1. 认知目标：通过本课的学习，学生了解蓝印花布的历史、制作过程、艺术特点，并尝试着使用传统的蓝印花布的制作工艺进行印染。

2. 技能目标：尝试使用画稿、刻版、上浆、阴干、印染等传统的印染工艺制作蓝印花布。

3. 情感目标：感受蓝印花布的美，培养对民间印染艺术的热爱；激发民族自豪感与文化自信。

二、教学重点

蓝印花布的制作方法和过程。

三、教学难点

图案的设计、上浆等步骤。

四、教学准备

课件、蓝印花布若干、印染材料等。（桶8个、小盆8个、上浆刮刀12把、刮刀24把、大垫板8个、小垫板28个、白坯布30块、黄豆粉、染料等）

五、教学过程

（一）导入阶段

师：你们知道中国古代的四大发明吗？

生自由回答。

师出示PPT图片。

师：北宋刻字工人毕昇，用质细且带有黏性的胶泥做成一个个四方形的长柱体，在上面刻上反写的单字，一个字一个印，放在土窑里用火烧硬，形成活字。然后按文章内容，将字依顺序排好，放在一个个铁框上做成印版，再在火上加热压平，就可以印刷了。

生欣赏 PPT 图片。

师：回想一下我们在六年来学过的美术知识，还记得有哪些与印刷有关的课题吗？

生抢答。

师出示 PPT 图片。

（感觉肌理、纸版画、木版画、藏书票等）

师：它们都是通过凹凸的表面形成千变万化的艺术品。印花布也是利用凹凸的版面来设计制作的。

（师板书：印花布）

师：蓝色使人感到宁静、典雅，白色带给我们纯净、无瑕的感觉，而蓝白两色渲染出宁静、素雅的美。今天就让我们一起来试一试蓝印花布吧。（板书课题：蓝）

（二）新授阶段

师：蓝印花布的历史源远流长。它朴素大方、清新明快的特点为人们所喜爱。让我们观看视频，对蓝印花布作初步的了解。

生观看视频。

师：看了视频中的介绍，请你们说说对蓝印花布的了解。

生组内自由讨论。

师生互动，欣赏图案：

1.师生讨论蓝印花布的图案、纹样等特征。

（1）蓝印花布的图案取材于百姓喜闻乐见的民间故事或戏剧人物，但更多的是由动植物和花鸟组合成的吉祥纹样，尽情抒发了民间百姓对美好生活的向往和朴素的审美情趣。

（2）图案有简单的几何形组合，有大自然中的各种形象，以丰富的变化手法组成各种纹样。纹样充满节奏感，形式多样，散花组合，形象生动。图案结构简洁，有的有规律地排列，有的则没有规律。

（3）蓝底白花、白底蓝花。这样的蓝印花布素雅宁静，越看越漂亮。

2.师示范制作过程及拓展训练。

（1）画稿刻版

①画稿：构图饱满、形象美观，让画好的纹样在刻版时能出现美丽简洁的装饰效果。

　课件：断点、断线、断面，间距一致，形成稳重的美感。

　还可将大块的面分成若干点和线，逐渐变化，使画面生动活泼。（图例）
　出示各种刻好的底板给学生欣赏。

②刻版：刻线时用刀锋，刻点时用刀尖；顺着一个方向刻深，即可刻透。刻版时要注意安全。

③学生练习：以花卉和动物为题材进行蓝印花布的设计和制作。

纹形可以安排在版面的中间、四周、两边等，小组内进行商量。

（2）上浆揭版

①先将坯布洒水抹平，润湿是为了让白布更好地吸收染浆。

②浆的成分比例：民间沿用黄豆粉和石灰调和制作防染浆，再加上水调成糊状。

③用塑胶板刮浆时用力要均匀。刻线的地方都要挂上浆。

④两手拿紧底板，顺一个方向快速地提起底板，保证白坯布上的浆均匀平整。

（3）阴干

将上好浆的白坯布放在阴凉、通风、避光的地方阴干，通常以2—3天为宜。

（4）印染刮浆

斜着放入染料，使白坯布完全浸染在染料中，染料顺着防染浆的缝隙染到白坯布上，即使出自同一名师傅之手，印染后布上也会出现纹样的差异，显出千变万化。

（三）学生练习并展示评价

1.学生练习上浆、刮浆；教师辅导，及时点评和给予学生帮助。

2.走进蓝印花布的世界，我们每一个人都有自己的感觉，有人感觉宁静，有人感觉素雅，仿佛我们走进了淳朴的田间。去挑选你喜欢的纹样并说说自己喜欢的理由。

（四）拓展蓝印花布的用途

1.在民间，蓝印花布不仅是衣料，还被制成门帘等饰品，老师也带来了一些用蓝印花布制作的小饰品。（金鱼挂件、暖手袋等）

2.我们今天在古老的工艺中寻找精致、朴实、洁净、清爽、素雅的美，有兴趣的同学课后还可以到我们的染坊中来体验，制作更多的印花布。

3.出示扎染的手帕。

（五）板书设计

　　　　　　　　　课题：　蓝印花布

课件　　　制作步骤：画稿刻版　　　范图　　　　作业展示

　　　　　　　　　上浆揭版

　　　　　　　　　阴干

　　　　　　　　　印染刮浆

（案例提供者：毛秋月）

教学案例6-2：综合印花布

年级：三年级

一、教学目标

审美感知：欣赏、感受中外印花布的色彩、图案与设计之美，从而丰富审美体验，提升审美情趣。

艺术表现：巧妙运用各种综合材料并利用印花布的多种创作方法表现出独特的印花布作品，感受艺术和创作的魅力。

创意实践：综合材料与创作方法表现出扎染印花布、实物拓印花布、植物敲印印花布；通过小组合作与探究创作出独特的综合印花布。

文化理解：印花布囊括了中外优秀的布艺文化，通过本课的学习让学生了解劳动人民的聪明才智，使他们热爱艺术，热爱布艺文化并尝试传承蓝印花布中的传统工艺。

二、教学重难点

教学重点：利用印花布的多种创作方法设计并制作印花布作品。

教学难点：能够运用各种综合材料设计并制作出富有创意的印花布作品。

三、教学准备

不同种类的印花布、多种印花的工具材料。

四、教学过程

（一）导入新课

1.出示象形文字"印"，播放视频一起来了解"印"这个汉字。

2.古人把需要按压的玺、章等称为印。由"印"字同学们还想到了哪些词语和技艺呢？（学生自由发言）

印章：印是一种源远流长的中国传统文化艺术形式。2008年北京奥运会的会徽，就是一个非常有中国特色的中国印。

印刷：宋朝的毕昇发明了活字印刷术，为传递知识与文明做出了非凡的贡献。

3.学校的棉花种植地里收获了洁白的棉花。介绍一位了不起的女性：黄道婆。她是我国棉纺织业的先驱，发明了三锭脚踏纺车，传授纺织技术。

4.后人又发明了纺织机，将棉线通过经纬交织织成了布，让人类的文明更进了一步。

5.今天我们就一起来学习印花布。（出示课题：印花布；采用水油分离现场染色）

（二）新授阶段

1."布"一样，布的材质。

（1）棉布是通过种出的棉花纺成线后用织布机织成的。

丝绸是通过饲养蚕、结茧、抽丝后，经过精心加工编制而成的纺织品。

羊毛可以加工成毛呢布料，还有纱布、棉麻、牛仔、化纤、涤纶、不织布等复合材料，它们都可以做成布。各种布料在材质、触感、光泽、吸水性、透光性及功能性等方面都会有所不同。

（2）印花布是用白坯布印染加工而成的，唐宋时期已盛行，明清时期达到鼎盛。

2.赏花布，漂亮的布。

（1）让我们一起欣赏生活中身边的印花布吧。（教师播放视频）

（2）形式多样的印花布是一种工艺美术品，装点着我们的生活。

3.寻布之迹，身边的布。

（1）在生活中很多地方都会用到布，平时的你仔细观察过吗？

（2）请同学们在各自的小组中交流一下我们身边的印花布（同学的衣服、

家里的窗帘、床上用品、沙发、墙纸等等）

（3）布可以做成各种各样的物品，如布娃娃、衣服、窗帘都是用布做成的。

（4）原来布有很多的用途啊，可以变成保暖的衣服，可以变成防水的雨伞，可以变成漂亮的装饰品，布的作用可真大呀！看来印花布和我们的生活密不可分。

4.探布之美，布的美化。

（1）花布美在哪里？人们喜欢它也离不开它。小组讨论一下。

（2）花布的色调。（冷暖色、中间色调）

（3）花布的图案内容有花卉、动物、几何图形、风景、人物等。

总结：写实的逼真细腻；还有的对自然中的花、树叶等图案进行简化、概括、提炼。这些都是经典的花布纹样造型。

（4）花布上的经典图案荟萃。（欣赏）

（5）花布纹样的排列。

5.巧选花布，布的应用。

印花布的色彩、形式多样，对它们进行合理的选择，并说说理由。

（1）适合夏天衣服的花布。（薄、冷色调的花布）

（2）奶奶房间的窗帘。（温馨的）

（3）儿童居家服。（可爱的）

（4）妈妈的连衣裙。（美丽的）

（5）解放军叔叔行军打仗的服装。（迷彩服）

6.手工花布，传承非遗。

（1）机印花布符合大批量生产、满足快节奏生活的需要。刚才我们看到的都是机器印制的花布。

（2）现在的生活更需要文化的熏陶。传统的手工印花布不仅能满足个性化独一无二的追求，也反映出人们对传统文化的传承和传播。

（3）你知道哪些非遗印花布的工艺吗？（学生讨论、发言）。

（4）手工印花布有很多种类：蜡染印花布、扎染印花布、夹染印花布、模戳印花布、磨印施蜡印花布……手工印花布是一种文化、一种工艺，更是一种情怀、一种温度、一种责任，是国家非物质文化遗产的一部分。

7. 教师示范，创意实践。

我们一起来做手工印花布，观看视频，选一选自己喜欢的手工印花布制作方法及花布的花纹位置、排列方法。

（1）压膜印花布。（镂空花版、颜料）

（2）夹染印花布。（小棒、皮筋、染料）

（3）敲打印花布。（植物、手工垫板、锤子、宽胶带）

（4）果蔬拓印花布。（果蔬、颜料）

（5）废旧材料。（塑料袋、报纸团、印章、立体模具、颜料等）

（三）学生实践任务单

1. 选择自己喜欢的手工印花布的设计制作方法，尝试印花布。

2. 注意花布的色调、纹样的内容和排列方式。

3. 可以小组合作，也可以个人独立完成印花布作品。

4. 学生分组实践，教师巡视辅导并及时点评。

（四）拓展

1. 印染绘画社团学生介绍蓝印花布。

2. 以一生坚守一艺的国家级蓝印花布传承人吴元新的寄语作总结："看似简单的一块薄薄的蓝印花布，蕴含着反复考究的层层工序，在人与自然的对话中呈现出无限魅力。"

蓝印花布看似简单的点、线、面结合，却蕴藏着民间的大智慧。

愿我们大家：爱生活，懂艺术，会创造，乐传承。

【教学思考】

传统印染课程是一门富有文化传承和创新性思维的课程。

首先，通过深入了解传统文化，学生们能够更好地理解和欣赏自己的文化遗产。传统印染作为一种古老的艺术形式，承载着丰富的历史和文化内涵。通过学习印染技艺，学生们能够认识到文化的传承和价值，增强文化自信心，培养文化包容性。

其次，提升手工艺表达能力是传统印染课程的重要目标。手工艺作为一种人类创造力和技巧的体现，具有独特的表现力和魅力。通过学习印染技艺，学生们可以培养耐心和细致、专注的态度，提高手工艺水平、动手能力和创作表达能力。

此外，传统印染课程还能够培养学生的创造力和审美意识。学生们需要思考如何将传统的印染技艺与现代的艺术表达相结合，从而创作出独特且富有创新性的作品。通过学习印染的原理和技巧，学生们能够更好地理解美的概念，培养自己的审美品位，提升艺术鉴赏能力。

最后，基于传统的创新思维是传统印染课程的重要内容。传统印染技艺作为一种文化遗产，需要在传承中升华和发展。学生们需要思考如何运用现代设计理念和工艺技巧，将传统的印染技艺与时代的需求相结合，创作出富有个性和现代感的作品。这种创新思维培养了学生们的独立思考能力、解决问题的能力和创新能力。

（案例提供者：毛秋月）

第二节　扎染艺术实践课例

扎染是中国传统的手工染色技术之一，也是我国的非物质文化遗产。扎染以其独特的艺术魅力和丰富的花纹设计，深受人们的喜爱和追捧。

扎染作品具有独特的花纹和图案，通过不同的染料和绑结技法，可以创作出各种各样的纹样和色彩效果。这让同学们在扎染过程中可以自由表达自己的情感，展现独特的艺术个性。无论是简单的几何图案还是复杂的花鸟纹样，扎染作品都能够展现同学们的创造力和艺术思维。

扎染不仅仅是一门技艺，更是中国传统文化的一部分。通过学习扎染，同学们能够认识和理解我国的非物质文化遗产之一，领略其中蕴含的文化内涵和历史意义。这对于培养学生对传统文化的热爱和保护意识，促进他们传承和发扬中华优秀传统文化具有重要的意义。

"鑫小"的扎染课程旨在为学生提供一种培养创意和动手能力的平台，让他们能够通过学习扎染技巧，提高艺术修养和审美能力。这门课程的意义在于通过学习扎染技巧，培养学生的创造力、动手能力，培养正确的劳动价值观以及对扎染这门非物质文化遗产的欣赏和理解能力。学生们将学习如何准备布料、设计纹样、选择染料、使用工具等，通过实践操作，将自己的想法和创意转化为具体的扎染作品。这不仅有助于提高学生的艺术水平和技巧，还能够培养他们的耐心和自信心。

扎染课程内容丰富多样，旨在帮助学生全面学习和掌握扎染的技艺和艺术知识。主要包括以下内容：

学习扎染技法：学生们将学习不同的扎染技法，如绑扎法、描绘法、刺绣法等。通过示范和实际操作，他们将掌握不同技法的原理和运用方法，并将其应用于自己的作品创作中。这能够培养学生的手工技巧和创造力，让他们能够灵活运用不同的技法来表达自己的想法和感受。

使用扎染工具和材料：学生们将学习扎染所需要的工具和材料及其使用方法。他们将了解各种染料、绑扎工具、刺绣针等的特点和用途，并学会正确使用这些工具和材料来实现自己的设计和创作。

介绍扎染文化：课程还包括对扎染文化的介绍和讲解。学生们将学习扎染的历史渊源、特点和传统意义，了解扎染在中国文化中的位置和价值。通过学习扎染文化，学生们能够更好地理解和欣赏扎染作品，增强对传统文化的认同和尊重。

参观扎染工艺：为了深入了解扎染的工艺过程和传统工艺人的技艺，课程还包括扎染工艺的实地参观活动。学生们将有机会亲身观察和体验扎染工艺的全过程，与工艺师傅进行交流，并学习他们的技艺，进一步拓宽艺术视野和文化认知。

通过这些多样化的课程内容，学生们能够全面了解和掌握扎染的技艺和艺术魅力。他们将在实际操作中动手探索，体验扎染的乐趣与成就感，并深入了解其背后的文化内涵和历史价值。这将激发他们的创造力，提高他们的审美意识和文化自信心，为他们的艺术发展和终身学习奠定坚实基础。

扎染课程在设置上注重理论与实践的结合。学生将在课堂上学习扎染的理论知识。他们会了解扎染的历史背景、发展脉络以及扎染在不同文化中的地位和意义。同时，学生还将学习扎染的工艺原理，如染料的使用、绑扎技法的运用等。此外，学生还会了解扎染所需的材料知识，如不同类型的织物和染料的特点等。这些理论知识的学习可以帮助学生更好地理解扎染的技术和艺术背景，为实践环节打下基础。课程中的实践环节是学生提升技巧和创作能力的重要部分。学生会亲自动手制作扎染作品，通过实际的绑扎、染色和创作过程来掌握扎染的技巧和方法。教师会给予学生实时的指导和建议，帮助他们解决操作中遇到的问题，并鼓励他们发挥自己的创造力和表达能力。学生在实践中不断尝试和探索，通过反复的实践操作，逐渐提高自己的技巧水平，并创作出独特的扎染作品。

评价是扎染课程中至关重要的一环。除了教师评价外，学生之间的互相评价和展示也起着重要的作用。

教师评价是学生在扎染课程中得到的重要反馈之一。教师会给予学生对于扎染作品的技术指导和艺术意见。他们会根据学生的作品表现，提供专业的建议和指导，帮助学生改进他们的技术和创作能力。教师评价可以帮助学生在技术上不断提高，并培养他们的审美意识和艺术表达能力。

学生之间的互相评价也是课程评价的重要组成部分。学生会在课程结束时互相交流和评价彼此的作品。这种互评的方式可以培养学生的批判性思维和艺术欣赏能力。通过对同学作品的欣赏和评价，学生可以学习到不同的观点和技巧，并得到来自同龄人的认可和建议。这有助于激发学生的创造力和独立思考能力，帮助他们更好地发展自己的艺术风格和个性。

另外，学校还会组织扎染作品展览等活动，为学生们提供向更多人展示自己成果的机会。这些展览活动不仅能展示学生们的创作成果，同时也可以让他们接受更广泛的评价和反馈。观众的赞扬和意见可以激励学生们继续努力，也可以启发他们在艺术创作中探索更多的可能性。

教学案例6-3：染花布

一、学情分析

学生对于扎染有着浓厚的兴趣，但是大多数学生对于非遗扎染文化的了解不深，并且由于传统的扎染技法受到现代染布技术的冲击，逐渐退出了人们的视野。本课旨在通过让学生了解扎染的历史、欣赏扎染作品、浸染花布，让学生了解扎染的魅力，从而提升审美素养，增强文化自信。

二、教学目标

审美感知：学生通过欣赏、观察与比较，了解扎染艺术中的纹理美、肌理美，感受扎染独特的艺术魅力。

艺术表现：学生通过扎染的制作方法和步骤，可以表现出灵动的扎染作品，在实践中感受扎染的奇妙。

创意实践：学生可以通过夹杂结合或包物法等综合方法扎染出独具特色的扎染文创作品。

文化理解：学生可以通过亲自体验、感受扎染的制作过程，提升对非遗扎染文化的热爱，争做扎染文化的小小传承人。

三、教学重难点

重点：能够用传统的方法制作出扎染艺术品。

难点：在实践中培养创造性思维，突出扎染纹样的美。

四、教学准备

教师：课件、扎染成品、布、染料、皮筋、弹珠、木板等制作工具。

学生：布、染料、皮筋、弹珠、木板等制作工具。

五、教学过程

（一）导入

手帕导入：平时你们会用手帕做些什么事？

手帕多数用于清洁。今天老师将带着大家把这幅白色的手帕变成漂亮的工艺品，奥秘就在这个字中，猜猜这是什么字？（见图6-1）

图6-1 手帕扎染作品

（左边长长的是一条河，右下角是木头的木，指可以用来提取色素的木头。古时候的人们搬运木头没有车子和船，就把它丢进小河里面，让木头顺着河流一起漂到下游。右上角像个叉子的是人用手拿或取，意思是人们把顺着上游漂流下来的木头拿走，把它的色素提取出来，这个字就是染）

今天我们就一起来染画布。

（二）新授

1.染布在专门的染坊中进行，染出来的布五颜六色，或活泼跳跃，或宁静古朴。今天我们就用扎染的形式来创作。

2.我们先来看一段小视频，了解一下扎染的历史。

3.考考你有没有认真看。今天我们说到的扎染属于刚刚说的蜡缬、绞缬、夹缬中的哪一种？

4.总结:简单地说,扎染就是用线、绳对织物进行缝或捆扎,再经染色形成花纹图案。而扎的目的是将不需要染色的部分扎住以达到防染显花的目的。

5.老师这里有一些作品(图6-2至图6-4),一起来欣赏一下吧。你喜欢这些作品吗?说说你的理由。

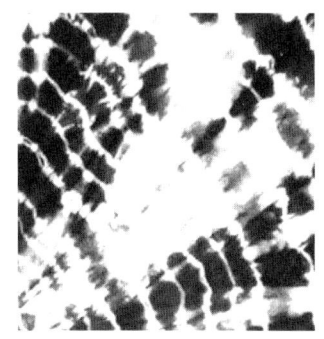 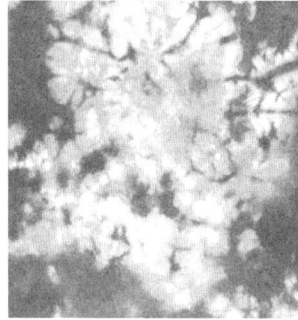 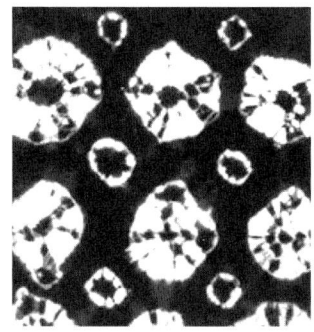

图6-2 扎染作品(一)　　图6-3 扎染作品(二)　　图6-4 扎染作品(三)

6.我这里还有一件作品,就在老师的身上,你们喜欢吗?你们觉得扎染除了染布还可以用来染什么?

(三)教师示范

教师示范扎染中的螺旋法,注意要扎紧再浸泡。

(四)学生练习

1.小组合作,尝试不同的折法、绑法。

2.利用深浅不同的染料,染出或对比强烈、或清新、或渐变色的图案。

(五)展示评价

1.谁的作品最吸引人?为什么?

2.扎染T台秀。请你将染好的作品戴在身上进行展示。

（六）拓展评价

用线的粗细、线距的长短、捆扎力度的大小、折叠的多少等都影响扎染效果，即使是同一工匠也不能做出一模一样的作品。这就是手工艺术与机器生产的本质区别，机器能制造出无数复制品，而手工艺品只有唯一的一件。希望同学们以后的人生可以如扎染艺术一样，独一无二！

教学案例6-4：扎染之二十四节气

一、学情分析

二年级学生对于扎染学习有着强烈而浓厚的兴趣，但是由于本节课是将扎染与二十四节气相结合，所以对于学生的文化理解力以及操作能力是一个考验。在教学设计时，对于作业难度和节气的表现需要由浅入深地进行，贴近他们的理解能力和实际操作能力。本课在传授技法的同时也将传统文化从小扎根在孩子们的心中。

二、教学目标

审美感知：发现二十四节气中大自然与植物形态之美以及扎染艺术中独特的肌理美、色彩美，丰富审美体验，提升审美情趣。

艺术表现：能够巧妙运用各种材料，综合利用扎染的创作方法表现出与二十四节气相关的扎染作品，并可以赋予作品寓意。

创意实践：将扎染与二十四节气紧密联系，通过小组合作与探究创作出具有特色的二十四节气扎染文创作品。

文化理解：对于二十四节气与扎染艺术的结合有着高度的认同感与契合感，通过学习，学生更加热爱艺术，热爱传统文化，愿意为弘扬传统文化做出力所能及的贡献。

三、教学重难点

重点：能够掌握扎染的基本方法与规律，并将其与二十四节气中的色彩、形态相结合。

难点：可以通过各种材料的运用以及捆、夹、挤等相结合的综合方法，创作出生动而富有内涵的二十四节气作品。

四、教学准备

师：课件、扎染范例、布、染料、夹板。

生：布、扎染工具、树枝、果核、完成导学单。

五、教学过程

（一）导入

师：小朋友们，你知道古人是如何把握时间和季节的吗？什么是二十四节气呢？

我国劳动人民在几千年的农业生产中总结出一套天气季节与农业生产相关的体系，俗称"二十四节气"，并编成了朗朗上口的二十四节气歌，让我们一起来唱一唱：

> 春雨惊春清谷天，夏满芒夏暑相连，
> 秋处露秋寒霜降，冬雪雪冬小大寒。

之前老师给你们布置了二十四节气的任务单，请你选择一个节气说一说你对它的理解。

生回答。

师：你们可真棒！传统文化都有相融相通的地方，今天想不想通过扎染的方式把二十四节气留在我们的身边？

跟着老师一起走进扎染之二十四节气吧。

（二）新授

1. 了解历史

扎染历史悠久，先让我们一起来看看它的历史演变吧！历久弥醇，古朴真切，扎染艺术传承了千年，代代相传。

2. 初识概念

（1）什么是扎染呢？

其实就是用线、绳对织物进行缝或捆扎，再经染色形成花纹图案，而"扎"是为了将不需要染色的部分扎住以达到防染显花的目的。

（2）你们知道这是什么植物吗？（教师展示板蓝根、绞股蓝图片）

3. 扎染知识我来说

（1）小朋友们，在我们班就有扎染社团的孩子，今天就请他们来当小老师，教我们一些扎染的基本方法，好不好？

（2）小朋友们，你们学会了吗？之前老师给你们布置了任务单，请你在家查阅资料，学一学扎染的基本方法，再画一画基本步骤，有谁愿意上台来和大家分享，也来当当小老师？

（3）给你们点赞！现在老师给你们一首歌的时间，请你用扎染资料中的方法或者用自创的方法染出一块美丽的花布。

4. 色彩之美

小朋友们，之前我们所说的扎染传统色是青色，而你们今天染出来的颜色是丰富多彩的，这是为什么呢？

看看这些植物，你们是不是很眼熟？从小池塘边的菖蒲花中能提取出黄色，从蔷薇花中能提取出粉色，从大大的月季花中能提取出鲜艳的大红色，你们猜从枇杷叶中会提取出来什么颜色？不是绿色而是橘粉色，是不是很神奇？

每一个节气都有与之对应的植物，由于它们的种类不同、生长条件不同，它们随着节气的变化会产生不同的色彩变化，色彩多到我们已经不能用简单的赤橙黄绿青蓝紫来表达了。这些提取出的色彩是大自然的恩赐，二十四节气的色彩之美也随着植物印染在这块美丽的布上。

5.形态之美

（1）小朋友们，刚刚我们把节气中的色彩之美留在了花布上，我们还能把什么留在染布上呢？看一看王老师给你们准备的材料，从中找找灵感，每四人一个小组讨论一下。

（2）欣赏布艺馆作品

利用这些材料和独特的扎染方法，我们可以把二十四节气的形态之美染在布上。现在我们来看看学校布艺馆的作品：春分时节正在春耕的牛、立夏时节繁茂的竹子、秋分时节的落叶、冬至时节冰冷的湖面。二十四节气的美真的通过扎染的方式留在了我们的生活中。

（三）教师示范

那我们应该如何染呢？想不想看看老师是怎么操作的？今天老师采用特殊的夹杂结合的方式来进行扎染。刚刚过去的节气是什么？老师想染出美丽的花，那么我今天会选用花型夹板进行操作：一折、二夹、三染；老师给它取名为《生如夏花》。我这里还有一些小窍门，请小朋友们一起来看大屏幕。

（四）学生练习

小朋友们，你们是不是已经迫不及待地想要用扎染的方式来表现二十四节气了？来看看抽屉里的黄色卡纸，你拿到的是什么节气？（了解作业要求）

（五）展示评价

将作品展示在对应的节气展板上。

1.说一说你最喜欢谁的作品，为什么？可以从色彩、形态以及与二十四节气的联系来分析。

2.谁的作品最能打动你？可以从与节气相关的寓意上分析。

（六）总结延伸

当扎染遇上二十四节气，我们不仅表现了节气之美，还突出了春夏秋冬的四季芳华，正如我们学校的育人理念："各美其美，美美与共。"

请小朋友们选择自己喜欢的扎染作品，点亮非遗之光。

【教学思考】

通过以上两个课例，不难看出通过扎染文化进课堂，学生了解了扎染的历史文化和艺术特点，在学科融合中动手实践、大胆操作，从而亲近扎染，将它融入生活。学生在了解扎染这一非遗的同时既锻炼了动手能力，提升了造型表现力，提高了审美情趣，又树立了传承扎染文化的意识，进一步明确了保护传统文化的责任，在非遗扎染文化的熏陶下逐渐增加了民族自信、文化自信。

扎染带给孩子们快乐的同时，也让孩子们感受到来自自然的朴素美。在欣赏和制作的基础上，孩子们学会了逐步探索和发现，体验扎染并不单纯是学习扎染的技艺，更重要的是传承中华文明自强不息、薪火相传的民族精神。时间埋没了很多古老的技艺，但是薪尽火传的精神却深深根植于中华民族的血脉中，通过学习扎染，孩子们懂得了作为一个新时代的火种所肩负的使命，将代代相传的中华文脉传承下去。

（案例提供者：王舒）

第三节　布艺文创实践课例

扎染艺术对于学生而言操作灵活，易于掌握。但是，在科技飞速发展的今天，要让传统的手工艺得到传承和发扬，就要赋予扎染艺术新的思想，注入新的活力。在传统扎染技法的基础上，学生用自己亲手染的布制作成扎染制品，开发出贴近生活或者独有的扎染文创，将生活中的事物与扎染技法相融合，注重实用性、艺术性和生活性完美结合。

在新时代少年儿童的创新之下，扎染文创呈现出千变万化的模样。一方面，学生们通过扎染文创体验到造型艺术的美感。扎染作为一种独特的手工艺术形式，能够通过绑扎、描绘和染色等技法来创造出丰富多样的图案和纹理，这让学生们在实践中感受到创造与变化的乐趣。通过探索不同的材料和技巧，他们能够将自己的创意融入扎染作品中，创造出独一无二的艺术品。另一方面，扎染文创也成为学生抒发艺术情怀的载体。学生们通过扎染文创展现出自己的创意和艺术想象力，将个人内心世界与扎染作品融为一体。他们通过布料的选择、颜色的运用和图案的创作来表达自己对美的追求和独特的艺术表达。这种个性化和情感化的创作过程，激发了学生们对艺术的热爱和情感的表达，同时也让他们更加深入地理解和体验扎染文化的魅力。

在新时代的背景下，扎染文创为学生提供了一个发展想象力、创造力和审美表达能力的平台，同时也推动着扎染文化的创新和发展。尊重传统、融入时代，扎染文创在学生的创造力和独特性之下绽放出新的艺术魅力，传承着源远流长的扎染文化，并为未来的艺术创作开辟了更广阔的空间。

第六章 "布"一般的传承,"鑫动"之花创意无限

在这个创新时代,"鑫小"的布艺文创课程旨在培养学生的创造力和艺术表达能力,进一步满足现代社会对创意设计和个性化才艺的需求。随着科技的迅猛发展,越来越多的人开始重新发现手工艺术的魅力,而布艺作为一种具有丰富表现力的手工艺术形式,在这个时代焕发出新的生机。

布艺文创课程为学生提供了一个全面的学习平台,旨在激发他们的创造力和艺术潜能。通过布艺手工制作,学生们可以亲自动手创作,体验艺术的乐趣和成就感。他们将学习布艺的基本技巧和原理,如剪裁、缝合、布料选择等,从而掌握布艺制作的基本技能。在实践中,学生们有机会尝试不同的创作方式和材料,发挥自己的想象力和创造力,创作出个性化的布艺作品。

该课程的背景是现代社会对创意设计和个性化才艺的需求不断增加。面对科技的快速发展,人们开始追求与众不同的体验和表达方式。而布艺文创课程满足了学生对个性化创作的渴望,让他们能够通过布艺手工制作展现自己独特的艺术风格和创造力。

"鑫小"的布艺文创课程提供了专业的指导和资源支持,学生们可以接触到各种布料、工具和装饰材料,同时还能参观相关展览和工作坊,拓宽艺术视野。此外,学校注重引导学生进行自主创作,并鼓励他们参与布艺作品的展览和评选活动。通过这些丰富多样的学习和参与机会,学生们不仅能提高手工艺术技能,更能培养创新思维、团队合作和自我表达能力。

布艺文创课程的意义在于鼓励学生发展他们的创造力和想象力,提升他们的手工艺术表达能力,同时也培养他们的动手能力、创新思维和审美意识。这种课程不仅仅是学习手艺,更是一种探索与表达的过程。

首先,布艺文创课程鼓励学生发展创造力和想象力。在手工制作过程中,学生们需要自己设计、选择材料和创造图案,从无到有地创作出自己的作品。

这种创造性的过程培养了学生们的创造力和创新思维，帮助他们发展独特的艺术感觉和风格。

其次，布艺文创课程提升了学生的手工艺术表达能力。通过学习布艺的基本技巧和技法，学生们可以掌握缝制、剪裁、装饰等技术，从而能够灵活地运用这些技能创作出自己的布艺作品。手工艺术表达是一种直接而真实的方式，通过布艺文创课程，学生们可以用自己的手艺展示自己的个性和创意。

此外，布艺文创课程有助于增强、提高学生们的自信心和独立思考的能力。在课程中，学生们面临着自主设计和创作的任务，他们需要做出自己的决策并克服困难。这种自主性的学习过程培养了学生们的自信心和批判性思维能力，也让他们在实践和反复尝试中提高了解决问题的能力。

最后，布艺文创课程为学生的终身学习奠定了基础。布艺是一种传统而又具有跨文化特点的手工艺术形式。通过学习和实践，学生们可以了解布艺的历史、不同文化间的区别和特点，并培养对传统文化的尊重和欣赏。这种综合性的学习经验拓宽了学生的视野、增长了他们的知识，并为他们更深入地了解其他艺术领域打下基础。

在课程内容方面，学生们将学习布艺的基本原理和技巧，如剪裁、刺绣、拼贴等。他们将通过实际操作制作布艺作品，例如布偶、挂饰、抱枕等，从而在实践中掌握各种技巧和工艺。学生们将有机会选择自己喜欢的布料，了解不同材质的特点和用途，并学习如何合理利用材料来创作出独特的作品。

除了基本技巧的学习外，学生们还将探索布艺设计的原则和装饰技法。他们将了解不同风格和文化中的布艺艺术，并学习如何运用色彩、纹理、形状和图案等元素来设计布艺作品。学生们将被鼓励尝试创新和表达自己的个性，以及探索布艺艺术的无限可能性。

在课程设置方面，"鑫小"将提供专业的布艺工具和素材，以确保学生们有充分的材料来进行创作。学校还会聘请专业的老师来指导学生们的学习和创作过程，他们将分享自己的经验和技巧，以帮助学生们提高技艺和创作水平。

课程将以实践为主，注重学生的实际操作和创造性思考。学生将亲自动手制作布艺作品，从选择布料、设计图案到裁剪、缝制，每个步骤都需要学生亲自参与和完成。通过这样的实践过程，学生能够理解和掌握布艺制作的基本技巧，并运用这些技巧来创作出独特的作品。

除了技术的学习外，课程也注重培养学生的创造力和独立思考能力。老师会鼓励学生发挥想象力，尝试不同的创作思路和风格，从而培养学生的创造性思维和艺术表达能力。学生将被鼓励思考如何将自己的想法转化为布艺作品，并通过反复实践和修改来完善作品。

"鑫小"的布艺文创课程在评价方面注重全面评估学生的技巧和创意。教师会给予学生们专业的指导和反馈，帮助他们提升技艺和创作能力。同时，学生们也会参与同辈的互评和展览评选等活动，从中得到来自他人的认可和建议。这种综合评价的方式能够激发学生们的竞争意识和学习动力，同时也帮助他们不断提高自己的技艺和创造力。

教学案例6-5：布艺文创之扎染汗衫

一、学情分析

学生对于汗衫再熟悉不过了，对于设计绘画汗衫有着强烈的愿望。在以往的设计中，学生会以卡通纹样设计为主，很少会用到传统纹样素材。本课旨在通过扎染T恤，让学生体验传统纹样的魅力，也通过扎染布艺文创作品让非遗扎染艺术更好地融入学生生活。

二、教学目标

审美感知：通过欣赏、观察，学生可以了解汗衫扎染的方法，感悟扎染文创的纹样美、形式美。

艺术表现：学生将扎、夹、包、折等传统的扎染方法运用在汗衫纹样的设计上，可以创作出独一无二的扎染汗衫作品。

创意实践：在传统印染方式的基础上，融入其他材料，让扎染汗衫更具魅力，独具特色。

文化理解：通过扎染汗衫的设计与制作，非遗可以更加深入学生的生活，增加学生对传统文化的认同感和传承的使命感。

三、教学重难点

重点：能够用传统的扎染方法制作出一件漂亮的汗衫。

难点：能够合理安排花纹的位置，构思新奇，富有创意。

四、教学准备

师：课件、汗衫、染料、制作工具。

生：汗衫、染料、制作工具。

五、教学过程

（一）导入

1.欣赏导入

观察教师身上穿的汗衫（见图6-5）有什么特色？你喜欢这样的汗衫吗？想要自己做一做吗？

图 6-5　扎染汗衫

2. 板书课题：布艺文创之扎染汗衫

今天就让我们一起来扎染美丽的汗衫吧。

（二）新授

1. 汗衫的组成部分

老师身上的汗衫我们再熟悉不过了，谁能快速抢答：汗衫分为哪几个部分？（前面、后面、衣领、袖子）

2. 布局

小设计师们，回忆一下，通常我们都会在汗衫的哪些地方进行装饰？

总结：我们装饰的位置可以是汗衫的任何地方，可大也可小，这特别像你们画画时老师强调的构图，在这儿我们又称为布局。

3. 比一比

传统的扎染T恤（图 6-6）和常见的汗衫（图 6-7）有什么不同之处？

图 6-6 扎染 T 恤　　　　图 6-7 普通汗衫

总结：扎染的汗衫有一种独特的纹理之美，充满偶得的艺术之美。

4. 作品欣赏

出示多组扎染作品，看一看这些扎染的汗衫有什么不同之处，并说一说你最喜欢哪件扎染的汗衫。（图 6-8、图 6-9）

图 6-8 扎染汗衫（一）　　　　图 6-9 扎染汗衫（二）

总结：传统的扎染色彩是蓝与白，而现在扎染技法中采用多种色彩相结合，可以让 T 恤呈现出更多的美感。

5. 讨论方法

小组讨论：你会用哪些已经掌握的扎染方法来设计汗衫呢？

（螺旋法、包物法、夹杂法、综合法）

（三）教师示范

思维的火花在我们这间教室里进行了激烈的碰撞，老师也忍不住来创作啦——鱼鳞纹＋手掌印。这件汗衫的下半部分用扎染技法染出了鱼鳞纹，上半部分借助你们的手掌按下了彩色的手印。希望扎染这项非遗通过你们的双手传到五大洲，传到世界各地！

（四）学生练习

运用扎染的方式为自己和他人设计一件汗衫，要求造型独特，纹样灵动。

（五）展示评价

每一小组请出一位小设计师穿上你们设计的扎染汗衫登上舞台，进行走秀。请台下的设计师们拿出星星，贴在你喜欢的汗衫上，为我们点亮星星。

（六）拓展延伸

想一想：除了汗衫，生活中还有哪些物品可以用传统扎染的方式进行装饰呢？你能试着用扎染的方式来装饰更多的事物吗？希望扎染艺术可以通过你们传递给更多的人。

（案例提供者：王舒）

遇见布艺,"鑫动"生花 南京市鑫园小学劳动教育的特色实践

教学案例6-6:生肖家族你和我

一、授课对象

幼小衔接的孩子,建议20人一班。

二、活动准备

生肖布艺玩偶半成品+成品、宝宝巴士儿歌《十二生肖歌》、十二生肖头饰、生肖图案小圆凳、生肖毛绒小木槌、授课PPT。

三、活动小组

小组人数5人,4组。

四、学科教师

美术、劳动、综合实践。

五、活动过程

(一)彼此认识

1."小朋友们好,欢迎你们来到鑫园小学的'鑫动'布艺馆,抬头看看四周,都有些什么呀?"(各类的布艺作品)

2."你们的观察可真细致!送一个大大的赞给你们!瞧,这是什么?"(随机出示十二生肖中的一款帽饰)

3."回答对啦!这是小羊头饰。瞧,小小的羊角、白白的耳朵,多可爱呀!哪位小朋友愿意上来试戴一下?"(邀请一位最积极的孩子)

4.师蹲下,帮助孩子戴好头饰,搂着他说:

"小羊小羊,你真可爱呀!大家觉得他可爱吗?这么勇敢地上台和老师一起讲课,请送掌声给他!"

"小羊小羊,请告诉我们,你这只小羊爱吃什么呀?爱和谁一起玩呀?你平时是怎样叫的呀?最后一个问题,也是最难的!敢挑战吗?(师故意提高嗓音)

你这只小羊叫什么名字呀？"（现场考验孩子的灵活应变性）

"这个名字真好听，我们一起和××羊打个招呼吧！"师面向台下学生，示范招手、微笑，面向小羊同学打招呼，"××羊，你好呀！"

师搂着孩子，手指向布艺作品展台："××羊，今天来到鑫园小学参观，看到这么多蓝印花布布艺文创作品，你喜欢哪一款呀？"（根据生现场的选择，师简单进行介绍）"能告诉大家，你喜欢这款布艺作品的原因吗？就是说，你喜欢这款作品的什么特点呢？"（师可根据生现场的口语表达，适当进行口头语言的修饰、补充）

5.小结："××羊选择了××这款蓝印花布布艺作品，因为这款布艺作品……（简短重述此物品的特点）谢谢××羊同学这么勇敢地第一个上台来跟老师互动，也向大家推荐了'鑫动'布艺馆里的精美布艺品。谢谢你！"（师带头鼓掌）

（二）生肖家族

1."孩子们，你们来自同一所幼儿园，都知道其他同学的名字，也知道你们幼儿园老师的名字，因为你们大家呀，朝夕相处了三年啦！（师面带微笑，看向左右）今天，我和大家是第一次见面，你们动脑筋猜一猜（师歪头，右手食指在头顶绕圈，作思考状）我是什么老师呀？"

（多请几位同学畅所欲言）

2.师双手竖起大拇指："哇，我们××幼儿园的宝贝们可真有礼貌，想法也如此丰富！给老师猜了这么多的名字，都很好听呢！谢谢你们！"

师声调变低变轻，故意压低嗓门："不过呢，我真正的名字是——"（待全部学生都集中注意力时，师随机走向一位学生，伏在他耳边说）

"我的名字是——十二生肖老师！"

师直起身子，拉住这位学生的小手，请他到台前："来，请大声告诉所有的孩子，我是什么老师？"

学生大声说出来；如果声音偏小，请再说一遍，用自己最大的嗓门。

"有没有很意外？我不是张老师，不是李老师，不是王老师，也不是顾老师，我的名字是——"（师侧脸，张开右手掌作喇叭状）

生齐说："十二生肖老师！"

3."看！"师从抽屉里随机取出其他的生肖动物头饰，"这是××,这是××，这又是××，还有××、××、××……它们都是生肖家族的成员呢！"（师板书课题：生肖家族你和我）

"今天，十二生肖老师就和小朋友们一起来聊生肖、唱生肖、玩生肖，通过生肖动物来认识我们鑫园小学的蓝印花布布艺，将生肖和布艺相结合。这听起来就很有趣呢！你们期待吗？"

4."生肖老师先请这位同学回到自己座位上，谢谢你！"（带头鼓掌）

"听！这是什么歌？"（播放宝宝巴士儿歌《十二生肖歌》，师带头拍手打节拍）

"鼠牛虎兔，龙蛇马羊，猴鸡狗猪……鼠牛虎兔，龙蛇马羊，猴鸡狗猪……"（师重复唱）

"生肖家族的成员一共有多少位呀？"（师面向全体学生，挠着头问）

"这么多呀？它们的顺序是怎样的呢？有些生肖老师记不住，如果有小朋友能戴着头饰，在台上站成一排，按照生肖动物的顺序站，我就会看得很清楚，记得也很清楚啦！"

"谁愿意帮我戴上生肖头饰呀？"（师作举手发言状）

"这么多同学都愿意帮生肖老师呀，可怎么选择呢？这样吧，哪位同学愿

意唱一句刚刚儿歌里的句子,生肖老师就请他/她上台来戴头饰,这个小挑战,可以接受吗?"(烘托现场气氛)

＊再次播放儿歌,拍手跟唱。

(三)我的生肖是什么

1. "听了第二遍,你们差不多都会唱了吧?"(生唱任意一句,师请他/她上台来,随机戴头饰)

2. "谢谢你们上台来帮生肖老师,我来数一数:1、2、3、4、5…、11、12!真棒呀!凑齐12位了,谢谢你们!(师大声拍手)不过,我还是不知道十二生肖的排列顺序,正确的是怎么样的呀?你们现在站成一个圆圈了,看起来有些乱乱的呢!"(师握双拳叉腰,嘟嘴作烦恼状)

3. 请现场自告奋勇举手的孩子上台理顺戴头饰孩子们的站位顺序。

4. "呀!现在老师就清楚了,来,我们一起念一念十二生肖家族成员的名字:鼠、牛、虎、兔、龙、蛇、马、羊、猴、鸡、狗、猪!真棒!数清楚啦!"(师带头鼓掌)

"我要感谢帮我理清十二生肖顺序的这位孩子,来,这份小礼物送给你,谢谢你的帮忙!"

(师随机从袋子里取一只生肖毛绒小木槌)

"这是一个小木槌,上面有生肖动物的毛绒头像,带回家去,像这样(师示范)可以给自己亲爱的爸爸妈妈、爷爷奶奶、外公外婆轻轻地捶捶背,希望你喜欢这个小礼物!我们合个影吧!"(现场另一位老师快速抓拍合影)

5. "台上的孩子们,我们也来合个影吧!"(抓拍合影)

"让我来猜猜看,咱们幼儿园大班孩子们的生肖是——"(师故意说错)

"哎呀,没猜对呀!真不好意思呢!"(师作捂脸状)

6."你们愿意原谅生肖老师的粗心大意吗？竟然在大家到鑫园小学之前，没有做好预习准备工作，没有提前向你们的老师询问你们的生肖情况……"（师语气渐说渐低，微微带些乞求的味道）

"谢谢小朋友们，你们都是大度的孩子呢！真的很感谢你们！"（师提高语气，作非常兴奋状）

7."生肖老师一直认为，向别人表达感谢，就要拿出实际的行动来！看！图上是——"（PPT出示生肖布艺玩偶成品）

"从你们的惊叫声里，老师已经听出来了，你们很喜欢这些生肖布艺作品。大家谅解了生肖老师，下面，老师就用这些生肖布艺作品作为对大家的感谢，你们愿意接受吗？"

"没有关系，不接受这份生肖布艺作品作为感谢礼物的孩子，生肖老师想送一个大大的、温暖的拥抱给你，并和你合影作为感谢，愿意接受吗？"

"哎呀，这么多孩子两样感谢礼物都想要呀！好的，不着急，俗话说，做事情要一件一件做，一步一步来，就像你们中午在幼儿园吃饭，要一口一口吃一样！"（师满面笑容看着左右）

"首先，我们来学习生肖布艺玩偶的制作，10分钟后，每个孩子都可以得到一只自己亲手制作的生肖玩偶，期待不期待呀？"

8.播放制作小视频，遇到重点制作环节，点暂停、讲解。

9.小朋友选择想要制作的生肖动物，老师指导完成最后一个环节：缝制生肖动物的尾巴或耳朵。

（提供两种粘合方式：手工缝制或热熔胶枪粘贴）

10.采访：能说说用蓝印花布做成的十二生肖动物和刚刚儿歌视频里看到的彩色生肖动物有什么不同吗？

"是的,蓝印花布技艺是我国首批非物质文化遗产,也是我们学校重点打造的'非遗进校园'校本课程项目。今天小朋友们第一次来到鑫园参观,我们学校用最隆重的校本课程欢迎大家,带着你们唱生肖、玩生肖、做生肖,这节体验制作课上得开心吗?"

(四)大合影

"生肖老师也很开心,最后,让我们举起各自制作的生肖动物,看向镜头,一起合影留念吧!"

师在合照过程中,变换站位,和不同的孩子拥抱、合影。

【案例思考】

通过以上课例我们知道,扎染作为我国传统民间工艺,具有很高的美术教育意义与继承的现实意义。以扎染为载体,在小学阶段弘扬中华传统文化并不是掌握其技法那么简单。在锻炼学生动手能力、想象力、审美鉴赏能力的同时,学校更要结合该阶段学生的特点以及时代的需求,将非遗扎染文化潜移默化地渗透到他们的内心以及生活的方方面面,使他们从而自觉、主动地担负起传承中华传统文化的责任,为中华优秀传统文化而自豪。

学生通过扎染文创在动一动、做一做、玩一玩中体验传统文化,提高自己的动手、动脑能力。我校巧妙地将传统扎染手工工艺引入课堂,带领孩子们探索、传承非遗,领略非遗手工技艺的魅力,并且通过扎染文创让非遗更加接地气,走进学生的生活,在体验中也进行了劳动教育,让学生亲手去制作扎染文创,例如衣服、抱枕、扇子等,在制作中感悟劳动人民坚韧的品格。

(案例提供者:秦艳)

第七章
"鑫动"课程的未来展望：
让每一颗"鑫星"都闪亮

  "鑫动"课程希望通过特色的教学方法和多样化的活动，培养小学生的实践能力、团队合作能力和创造力，为他们打开广阔的未来之门。通过丰富有趣的教学内容，我们将激发"小鑫星"们的学习兴趣，引导他们在劳动实践中发现自己的潜力。无论是布艺创作、智慧种植还是葫芦研学，"小鑫星"们将通过亲身参与和积极探索，培养自信心和创新思维。每一次劳动课程都将成为"小鑫星"们展现才艺和个性的舞台，让他们的才华在劳动的光芒中绽放。

  未来，"鑫动"课程将不断创新、更新。我们将秉承"学以致用、欣然生长"的教育理念，为"小鑫星"们提供更广阔的发展空间和丰富的学习资源，让每一个"小鑫星"都能在"鑫动"课程的引领下，找到自己的兴趣和优势，展现独特的光彩，为未来的成长奠定坚实的基础。

第一节 从"鑫动"课程看劳动教育的融合教学

"劳动是一切幸福的源泉。"热爱劳动、尊崇劳动、勤奋劳动,自古以来就是中华民族的传统美德。通过"鑫动"课程的融合教学,劳动教育得以深入学生的学习中,实现了实践与理论的有机结合。学生们不仅在实践中体会到劳动的乐趣,也能够将所学的知识应用到实际问题中去,培养了综合能力和创新思维。此外,融合教学的劳动教育模式还鼓励学生进行跨学科的思考和探索。学生需要运用数学来测量和计算材料的用量以及工艺的精度。他们还需要运用艺术和设计的元素来提升作品的美感和创意性。这种融合教学的劳动教育模式,将为学生未来的发展奠定坚实的基础。

一、实践与理论的有机结合

"鑫动"劳动课程的核心理念是将实践与理论相结合,旨在培养学生的动手能力和实际操作能力,使他们在实践中学习,从而更好地理解课堂上学到的知识。这些课程通过融合教学的方式,将学科知识与实际操作相结合,使学生能够在实践中体验劳动的乐趣,同时也能够掌握相关的理论知识和技能。

在"鑫小"的"XIN动农场",学生将亲自动手参与植物的种植和养护工作,这将使他们更加深入地了解植物的生长需求以及环境因素对植物生长的影响。通过实际操作,学生们将学会如何种植和管理不同类型的植物,并掌握相应的园艺知识和技巧。同时,理论课程将包含有关植物生长的生物学原理、土壤和水分管理等相关知识。学生们将学习植物在不同生长阶段的需求以及如何为植物提供适宜的生长环境。他们将了解植物的营养需求、光照和温度对植物生长的影响，以及如何保持适宜的土壤湿度和营养素供应。学生将应用所学的理论知识来设计和维护班级种植园和校园中的"XIN动农场"。他们将学习如何选择合适的植物品种和种植技术，以确保植物的健康生长。此外，他们还将学习如何从植物中萃取染料，学习如何对提取的染料进行处理和保存，以保持其色彩鲜艳和稳定性。通过这项课程，学生们不仅能够掌握植物种植和养护的技巧，还能够将植物资源利用到染料制作中，为他们的创造性和艺术性活动提供更多的可能性。

布艺课程同样注重实践与理论的有机结合，旨在培养学生对布艺的兴趣和创造力，同时传承和融入传统文化。通过民间布艺、传统印染、扎染和布艺文创等多样化的学习内容，学生将在实际操作中获得技能，同时理解布艺背后的文化内涵。

布艺课程安排了实际操作的环节，学生将学习亲手制作各种布艺作品。他们将学习民间布艺的基本技法，包括印染、扎染和刺绣等。通过这些实践经验，学生将掌握布艺的基本工艺和技巧，并培养对手工制作的热爱和认真态度。同时，课程也将理论知识与实践相结合。学生将学习传统印染和扎染的历史渊源、技术原理以及相关文化背景。他们将了解不同印染工艺的特点和应用，并尝试运用这些技巧进行实际制作。通过理论的指导和实践的操作，学生将更好地理解传统印染和扎染的价值，并将其融入自己的作品中。此外，布艺课程还注重将传统文化融入劳动教育中。学生将了解不同地区的民间布艺传统和文化形态，探索其中的意义和价值。他们将学习不同的传统文化元素在布艺中的呈现方式，如民俗图案、传统图案等，并尝试将这些元素融入自己的设计中。

布艺文创作为课程的延伸内容，将传统文化与现代创意相结合。学生将学习创意设计和艺术表达的基本原则，通过运用不同的材料和元素，创作出独特的布艺作品。"鑫小"的这种综合性的学习方式将培养学生的创造力、动手能力和审美观,为他们将来的成长和发展奠定坚实的基础。

在葫芦研学课程中,学生将学习葫芦的种植、收获和制作过程。他们将了解葫芦的生长环境和生长周期,并亲自动手种植和照料葫芦。在收获后,学生将学习如何将葫芦进行加工和制作,制成各种艺术品或实用工具。通过实践的过程,学生将体验到葫芦种植和制作的乐趣,并掌握葫芦制作的技巧和知识。

在葫芦研学课程中,学生将通过种植、收获和制作葫芦的全过程,深入了解葫芦的生长特点和价值。他们将亲自动手参与葫芦的种植和照料工作,并学习如何为葫芦创造适宜的生长环境。这将帮助他们理解植物生长的原理和过程。

在其过程中,学生以"葫芦"为主题展开一系列的探究活动,如葫芦采摘后如何保存,共同探讨葫芦工艺品的创作方法,一起画葫芦、盘葫芦等。下一步,学生还将学会并亲身体验用刻、雕、绘等技法进行葫芦装饰,创造出独特的艺术作品。同时,他们还将学习葫芦的文化内涵和历史渊源,了解葫芦在传统文化中的象征意义和用途。

葫芦研学课程将通过实践操作和理论知识的结合,培养学生对葫芦的兴趣和创造力,同时传承和弘扬葫芦文化。学生将在课程中获得实践操作和团队合作的能力,在实践中体验到劳动的价值和乐趣,在艺术创作中发展审美观和创新思维。这将为他们的综合素养和创造力的培养提供有益的支持。

在"鑫动"课程中,学生通过亲自动手参与各项劳动活动,不仅能够掌握实际操作的技能,更能深入理解所学内容的实际应用和意义。他们在实践中获得的经验和技能不仅使其学以致用,更培养了动手能力和解决问题的能力。这种融合教学的方式不仅提高了学生的学习兴趣和参与度,也培养了他们的综合素养和创新能力。

二、培养学生综合能力的重要途径

1. 劳动技能与学科知识的融合

在现代教育中，劳动教育作为培养学生实践能力和综合素养的重要组成部分，不仅注重学科知识的传授，更强调实践操作能力与学科知识的有机结合。而"鑫动"课程作为劳动教育的一种融合教学模式，更加注重培养学生的实践操作能力与学科知识的综合运用能力。

第一，通过"鑫动"课程中的实践操作，学生将直接参与染料植物种植、布艺扎染、印染和布艺文创等活动，并亲自体验实际操作的过程。例如，在染料植物种植的课程中，学生将亲自动手种植染料植物，了解其生长环境和生长周期。通过实践操作，学生能够获得实践经验，培养动手能力，提高操作的熟练度和准确性。

第二，"鑫动"课程将实践操作与学科知识相结合，促使学生将所学的学科知识运用到实际操作中。例如，在布艺扎染的课程中，学生不仅学习了染料的种类和染色技巧，还要亲自动手进行布艺扎染实验。通过实际操作，学生能够深入理解布艺扎染的原理和技术要点，更好地掌握学科知识。

第三，"鑫动"课程注重培养学生解决问题的能力。在实践过程中，学生可能会遇到布艺材料的选择、染色效果的调配等方面的问题，需要通过分析、思考和创新来解决。例如，在印染的课程中，学生可能会面临纹样设计和印染工艺方面的问题，需要运用自己所学的知识和技能来解决。通过解决问题的过程，不仅能够提高学生的实践操作能力，还能够培养其创造力和创新思维。

同时，"鑫动"课程也注重培养学生的综合运用能力。通过跨学科的实践操作，学生能够将各学科的知识和技能综合运用到染料植物种植、布艺扎染、印染、布艺文创等实际情境中。例如，在布艺文创的课程中，学生需要将绘画、设计、布艺制作等多个学科的知识和技能综合运用，创作出具有个人特色的艺术品或作品。这种综合性的学习方式能够拓宽学生的知识面，培养他们的综合素养和综合运用能力。

为了确保"鑫动"课程融合教学的有效性，对学生的实践操作能力和学科知识的综合运用能力进行评估是非常重要的。评估可以通过多种方式进行，例如口头演讲、实践操作实验、小组合作项目等。通过评估，学生可以了解自己在实践操作和学科知识综合运用方面的能力与水平，从而及时发现和改进自己的不足之处，提高自身实践操作能力和学科知识的综合运用能力。

总之，通过"鑫动"课程的实施，学生能够在实践操作中培养动手能力、解决问题的能力，并将学科知识与实践操作有机结合，培养学科知识的综合运用能力。这种融合教学模式能够激发学生的学习兴趣并提高其对学习的参与度，使他们在学习中获得更加全面和深入的发展。

2. 实践操作与解决问题的能力的培养

"鑫动"课程注重培养学生的实践操作能力和解决问题的能力，旨在通过实际操作和解决问题的过程，培养学生的创造性思维和解决实际问题的能力，使他们能够在现实生活中应对各种挑战。

首先，实践操作能力的培养是"鑫动"课程的重要组成部分。通过实际操作，学生能够将理论知识转化为实践技能，并通过实践来巩固和提高这些技能。如在布艺课程中，学生不仅要学习布料的种类、染料的选取等学科知识，还要亲自动手制作布艺作品。在实际操作中，学生需要选择合适的布料，运用不同的印染、扎染技术，同时还需要运用测量和剪裁技能来完成作品的制作。通过这样的实践操作，学生可以提高自己的手工技能和实践操作能力。

其次，培养解决问题的能力也是"鑫动"课程的重要目标之一。通过培养学生解决问题的能力，他们能够灵活运用所学知识来应对不同的情境和挑战。以葫芦课程为例，学生学习葫芦的种类、种植技术等学科知识，在实践中面临各种问题，例如，如何选择适合的葫芦种子、如何管理葫芦的生长等。通过解决这些问题，学生不仅扩大了自己的学科知识面，还培养了解决问题的能力。

最后，"鑫动"课程通过融合劳动技能和学科知识，使学生能够在实践操作中运用所学知识解决问题，从而提高实践操作与解决问题的能力。此外，学生还可以通过合作学习和团队项目等方式，锻炼自己的沟通、协作和创新能力。例如，在布艺课程中，学生可以分组合作完成一件布艺作品，通过互相讨论和合作，丰富作品的设计与制作过程，培养团队合作和创新思维。

3.创造力的培养与综合素养的提升

"鑫动"课程作为一种融合教学的教育模式，旨在通过实践操作和融合学科知识的方式，培养学生的创造力和创新思维，提升他们的综合素养，以应对未来的挑战。

一方面，通过融合教学，学生能够在实践操作中培养创造力和创新思维。融合教学使得不同学科之间的知识和技能得以交叉应用，激发学生的跨学科思维和创造性思维。例如，在布艺设计与手工制作的课程中，学生需要结合美术、数学和工艺等多学科知识进行布料的选择、图案设计和手工操作，从而培养出创造力和创新思维。他们需要运用自己所学的知识和技能，发挥想象力，探索新的设计元素和手工工艺，制作出独特且创新的作品。

另一方面，融合教学促使学生在实践中全面发展，提升他们的综合素养。融合教学将不同学科的知识融入劳动实践活动中，使学生能够综合运用所学的知识与技能，培养出综合素养。例如，学生在布艺课程中通过尝试不同的图案和布料组合，从而培养出创造性思维和创新能力，同时在制作过程中，他们需要掌握手工操作的技巧，提高动手能力和手眼协调能力。此外，他们还需要了解不同布料的特点和用途，掌握材料之间的搭配和调和，培养审美意识和艺术鉴赏能力。通过布艺课程的综合性学习，学生能够在实践操作中全面发展，将不同学科的知识与技能融合应用，提高综合素养。

通过融合教学的劳动实践，学生能够在实践中应用所学的知识与技能，培养出创造力和创新思维；同时通过跨学科的学习，学生能够加深对不同领域的理解和认知，从而提高对问题的综合分析能力和解决能力。

三、劳动教育与学科知识的跨学科整合

"鑫动"课程将劳动实践与学科知识融合，并注重德、智、体、美、劳的全面培养。通过这样的课程，学生在实践中能够综合运用学科知识和技能，提升综合素养。

"鑫小"的劳动课程是以项目学习的形式展开的。项目学习是一种基于现实问题或情境的学习方式，通过团队合作解决实际问题，培养学生解决问题的能力和实践操作能力。在"鑫动"课程中，学生会参与到各种跨学科的项目中，如种植蔬菜、制作传统的布艺工艺品、设计科学实验等。在这些项目中，学生需要运用各学科的知识和技能，如科学知识、数学知识、艺术技能等，来解决问题和完成任务。通过项目学习，学生可以将学科知识应用到实际情境中，同时培养劳动教育的意识和能力。

劳动教育与学科知识的跨学科整合不仅关注知识的传授与技能的培养，更注重学生的全面发展。德育方面，学生通过参与劳动实践活动，培养勤劳、坚强等优秀品德。智育方面，通过学科知识的综合应用和创造性思维的培养，增强学生的学习能力和应用能力。体育方面，实践操作需要学生动手操作，并需

要一定的体力和协调能力，从而培养学生的体育素养和身体素质。美育方面，学生在劳动实践中会涉及设计、艺术和审美等要素，这些要素能提升学生的审美意识和艺术鉴赏能力。劳育方面，教授与劳动实践紧密相关的技能与工艺，培养学生的实际操作能力和解决问题的能力，提高他们的劳动素养。通过五育并举的综合培养，学生能够在各个方面得到全面发展，健全人格，提高能力。

此外，"鑫动"课程还通过教师的指导和辅导实现跨学科的知识整合。教师在课堂上扮演着重要的角色，他们既是学科知识的传授者，也是劳动教育的指导者。教师可以运用不同的教学策略和方法，如探究式学习、合作学习等，将学科知识和劳动教育有机地结合起来。例如，在一堂布艺实践课中，教师可以引导学生通过绘画和手工艺制作来表达自己的创造力，并在其中融入有关色彩理论和工艺技巧的学科知识。通过教师的指导和辅导，学生可以更好地理解学科知识，并将其应用到劳动实践中去。

第二节 "鑫动"之路:学校发展的核心动力

  作为一所学校,持续的发展是关键,而"鑫小"发展的核心动力在于"鑫动"课程。"鑫动"课程旨在通过精心培育学生的核心素养、提升教师专业化水平、推进学校的内涵式发展,为学校的可持续发展注入活力与动力。在这个特色课程中,学生不仅仅是知识的接收者,更是创造者和表达者。他们通过学习传统的布艺技艺,培养自己的耐心和细心,迸发出创造力的火花。他们能够自主设计、制作并展示作品,表达自己的思想与情感。这种全方位的学习体验,培养了学生的审美情趣、审美能力和审美素养,也培养了学生的实践与动手能力,学生将学会用双手创造美丽和实用的作品。他们将获得扎实的专业技能并践行工匠精神,追求卓越和完美。在劳动的过程中,他们将体会到辛勤劳动的价值,明白努力和坚持的重要性。

  同时,"鑫动"劳动课程也为学校的内涵式发展注入了新的活力。传统文化的融合教学丰富了学校的教育资源,拓宽了学生的学习视野,增强了学校的文化底蕴。"鑫动"劳动课程以其独特的教学理念和方法,将传统文化与现代教育有机结合。它不仅传承了优秀的传统文化,更使其在现代社会中焕发出新的活力。学校通过提供良好的教学环境和专业的指导,培养了富有专业素养的教师团队,推动了传统文化的传承与创新。这种全方位的教育方式,激发了学生的潜能,培养了他们的创新精神和综合素质,学校的内涵式发展也因此迈上了新的台阶。

一、精心培育，学生核心素养的"鑫动"之旅

近年来，随着教育理念的不断更新和教育改革的推进，劳动教育作为学校教育中不可或缺的一部分，扮演着越来越重要的角色。而在这个不断发展的过程中，"鑫动"劳动课程作为一种将传统文化与劳动教育相结合的创新模式，正逐渐受到教育界的关注和认可。"鑫动"劳动课程不仅注重学生实践能力的培养，更重要的是将传统文化元素融入其中，培养学生的核心素养。

"鑫动"劳动课程旨在通过劳动实践，帮助学生掌握实用技能，培养他们的实践能力和动手能力。然而，在这个课程中，学生不仅仅是简单地学习技能，更重要的是在实践中感受传统文化的魅力和智慧。通过探索布艺艺术中传统文化元素的运用与演绎，学生不仅了解了传统布艺技法和工艺，更能体验到传统文化的美学价值。他们亲自参与其中，用自己的双手创造出富有传统文化特色的布艺作品，用富有个性和创意的设计诠释传统与现代的完美融合。通过这样的实践体验，不仅培养了学生的动手实践能力，更加深了其对传统文化的理解和感悟。

在劳动教育中融入传统文化元素，有助于培养学生的责任感、合作精神、创造力和自主学习能力等核心素养。在劳动实践过程中，学生需要遵循规定，符合要求，提高对任务的责任感和完成的质量意识。同时，在团队合作中，他们不仅需要倾听和尊重他人的意见，还要主动协作，共同完成劳动任务。通过这样的合作实践，学生逐渐培养出良好的沟通和协作能力，打造出团队合作精神的核心素养。此外，劳动实践也能够激发学生的创造力和创新思维。在面对各种问题和挑战时，学生需要灵活思考和寻找创新解决方案。通过实践中的创新设计和尝试，他们能够培养起创新能力和创业精神，为将来的发展奠定坚实基础。

"鑫动"劳动课程还将激励学生关注社会，培养他们的社会责任感和团队合作精神。学生们将积极参与社会实践活动，将自己的专业技能运用于社会服务和公益事业。他们将通过劳动实践，在体现个人价值的同时，也为社会的进步和发展做出贡献。我们鼓励学生积极参与社会服务和公益活动。学生将有机会利用自己的布艺技巧和创意，为社区和社会做出贡献。他们可以制作布艺礼品送给需要关爱的人，参与群众艺术表演，为社区的文化建设贡献力量。通过这样的参与，学生们将培养出乐于助人、关心他人的品质，并拓宽自己的社会视野，增强社会交往与合作的能力。

劳动教育将激发学生的创业精神和创新意识。在布艺实践中，学生将面临各种挑战和问题，需要寻找创新的解决方案。例如，他们可以通过运用不同的材料和工艺，创造出独特的布艺作品。在创意设计的过程中，学生们将学会思维跳跃、开拓眼界，不断挑战传统的限制，发展出独特的审美和创新能力。这样的实践经历将激发学生的创新意识，培养他们勇于尝试和创造的精神，为日后的学习和工作打下坚实的创新基础。

"鑫动"课程还注重培养学生终身学习的意识。学生将从掌握基础的布艺技巧开始，逐步探索和学习更高级的技术和创作方法。课程设计包括了系统的学习路径和丰富的学习资源，旨在培养、激发学生对布艺的持续兴趣和学习热情。学生将通过不断的实践和挑战，不断提高自己的技能水平，并逐渐形成自主学习和自我提升的习惯。同时，在"鑫动"劳动课程中，学生还将接受创新和创造力的启发，通过学习不同的布艺技巧和风格，锻炼解决问题、思考和创新的能力。他们将主动探索不同的布艺材料、印（扎）染工艺和设计风格，提高、形成自己的创造力和审美观念。学生还将学会独立思考，形成批判性思维，通过分析和评估自己的作品和实践经验，不断改进和进步。这种终身学习的意识将使他们在面对未来的挑战和机遇时，能够持续学习和成长，并适应不断变化的社会需求。

二、绚烂之心，教师专业化的"鑫动"绽放

教师们的专业化成长是教育事业中最美的旋律。他们用心灵的音符吟唱着教育的诗篇，奏响着学生心中的乐章。他们用自己的才华和创造力编织着教育的华彩舞台，让学生在这个舞台上舞动人生的激情与梦想。在"鑫动"劳动课程中，我们的教师既是技术指导者和知识传授者，也是创意引导者和学习促进者。他们通过引导学生发挥创造力、培养合作精神、提供评估反馈等方式，帮助学生在布艺劳动中获得全面的发展和成长。在这个过程中，教师与学生共同成长，教师教会学生技能，通过个性化的指导和关注，培养学生的自信心和自主学习能力。与此同时，教师通过反思实践、寻求专业培训和与同行交流，不断提升自己的专业素养和教学能力。教师与学生共同经历了一段美好的成长旅程，共同探索创造的乐趣和学习的奇迹，这不仅架起了彼此的情感桥梁，也为学生的未来发展奠定了坚实的基础。

培养专业知识和技能：在"鑫动"布艺课程中，教师在传授布艺知识和技能的同时，需要将传统文化融入课程中。他们介绍传统布艺的历史和发展过程，讲解不同地域和民族的布艺工艺特色。教师鼓励学生从传统文化中汲取灵感，并结合现代潮流进行创新和设计，使布艺作品既具有传统的味道，又展现出时代的特色。"鑫动"布艺课程要求教师具备扎实的布艺知识和技能，包括布艺文化的历史渊源，不同布艺材料的特性，基本的印染、扎染、布艺文创等制作技巧，以及布艺工艺的流程和规范等。通过参与布艺课程的教学和实践，教师能够不断提升自己的专业素养和技能水平，以更好地应对教学中的挑战。

拓宽教学视野：布艺课程鼓励创造和自由发挥，教师可以利用这个机会拓

宽自己的教学视野。他们可以研究和学习不同的布艺文化和技术，了解各种布艺工艺和装饰方法。通过自己的学习和探索，教师可以不断丰富自己的教学内容和方法，为学生带来多元化的布艺体验和知识。另外，教师可以探索如何将布艺教育与其他学科和领域进行跨学科的融合，发展创新的教学方法和课程设计。教师可以通过项目驱动学习的方式，将布艺技巧和其他学科的实践结合起来。例如，学生可以设计并制作布料模型，同时结合科学实验，探究材料的特性和力学原理。通过跨学科融合的教学，教师可以为学生提供更全面、有趣和丰富的学习体验。

提升教学方法和指导能力：布艺劳动课程需要教师通过实践和创作，引导学生进行手工制作。教师在指导学生的过程中，需要运用适合的教学方法，如示范、讲解、实践引导等，以帮助学生掌握布艺技巧和工艺流程。通过不断的实践和经验积累，教师可以通过提升自己的教学方法和指导能力，以更好地引领学生学习。教师可以尝试引入新的教学方法和创新的教学策略，通过实验性的教学活动来激发学生的学习兴趣和创造性思维。教师可以通过教学设计的创新和实践，不断探索适合自己和学生的教学方法，以增加教学的多样性和灵活性。

创造力和艺术指导：布艺劳动课程强调艺术元素和创新思维的培养。教师在课堂上可以鼓励学生展现自己的想法，并引导他们进行创意设计和艺术创作。教师通过对布艺艺术的深入学习和理解，不仅可以培养学生的审美能力和创造力，还可以指导学生在布艺创作中发挥想象力和表达能力。同时，通过让学生亲手制作布艺作品，教师可以培养学生的实际动手能力和创造力。教师可以通过指导学生学习和运用布艺的基本技巧、工艺流程和安全操作规范，帮助他们掌握布艺制作的实践技能，让他们在布艺劳动课程中得到综合素质的培养和全面发展。

通过以上的助力,再加上不断的学习与实践,教师能够提升自己的专业知识、技能和指导能力,能够更好地引领学生,开发学生的创造潜能,挖掘他们的才华和创意,提升整体教育质量,展现出专业教师应有的素养与魅力。

三、智慧起航,学校内涵式发展的"鑫动"力量

"鑫小"以传统文化的融合教学为核心,开设了富含"鑫动"元素的劳动课程,进一步加强了学校内涵式发展的推动力。这一课程旨在通过将传统文化融入劳动教育中,培养学生正确的价值观,提升他们的人文素养,激发其对传统文化的兴趣和热爱。

首先,这门课程注重传统文化的融入。学校开设了一系列与传统文化相关的布艺项目,如蓝印花布、绘制扎染图案等,以传承和弘扬中华优秀传统文化。学生通过亲自动手制作,不仅能够学习传统文化的知识和技能,还能够加深对传统文化的理解和感受,培养对传统文化的热爱。

其次,这门课程还注重培养学生展示和分享成果的意识。学校定期举办布艺作品展览,为学生提供展示自己成果的平台。学生将自己的作品展示给自己的同学和家长,分享自己的心得和经验。通过展示和分享,学生不仅能够增加对自己作品的信心和自豪感,还能够从他人的作品中汲取灵感和获得启发,不断提升自己的能力。

最后,"鑫小"还注重将劳动布艺课程与其他学科相结合,进行跨学科的探究和学习。例如,在布艺刺绣项目中,学生们可以学习到数学中的图形和几何知识,语言中的文学表达和表演技巧,甚至还可以学习到科学中的染料与颜色的原理,等等。通过这样的跨学科探究,学生们能够在实践中感受到各学科知识的应用,并将不同学科之间的联系和共通之处融会贯通,促进综合素养的全面发展。

遇见布艺,"鑫动"生花 南京市鑫园小学劳动教育的特色实践

"鑫小""鑫动"劳动课程以传统文化的融合教学为基础,综合运用了情感认同、审美意识、团队合作、个人表现和跨学科学习等元素,充分发挥了促进学校内涵式发展的作用。通过这门课程,学生们能够获得更深入的传统文化体验与情感认同,提升了劳动技能和创造力,培养了团队合作和个人表达能力,并巧妙地将不同学科知识进行融合与拓展。"鑫小"通过这一优秀的课程设计,为学生的全面发展和学校内涵式发展做出了积极贡献。通过注重传统文化的融入,"鑫小"在外界树立了良好的社会形象,形成了优秀的教育品牌,引起了社会各界的关注和认可,在提升学校的声誉和知名度方面起到了积极的推动作用。同时,学校也得到了专业机构和相关教育部门的认可和支持,为未来的发展提供了更大的机遇和更好的资源。

第三节 "鑫动"课程的未来发展与展望

"鑫动"课程的未来发展与展望，如同纷繁的星空中的一颗璀璨的星星，闪耀着无限的希望和潜力。我们相信，随着时间的推移，"鑫动"课程将不断拓展，融合更多创新的元素，为学生提供更广阔的学习空间和发展平台。

未来，"鑫动"课程将更加注重学生的个性发展和兴趣培养，通过提供多样化的项目学习机会，激发学生的创造力和探索精神。学生将在自主选择的项目中充分发挥自己的才能和潜力，不断探索和突破自己的极限，实现自我超越。同时，"鑫动"课程将与快速发展的科技紧密结合，引入更多前沿的科学技术和工程知识，培养学生的科学素养和创新思维。学生将学会运用现代科技手段解决实际问题，掌握未来社会所需的技能。"鑫动"课程还将进一步加强与社会的合作，与企业、社区等外部资源进行深度融合，以提供真实的实践机会，让学生能够更好地了解社会和职业领域，为未来的职业规划和发展奠定坚实的基础。

一、多元化，实现学生的个性化发展

多元化课程设置是"鑫动"课程未来发展的重要方向之一。在未来，"鑫动"课程将致力于提供丰富多样的学习项目和活动，以满足学生多元化的需求，实现学生的个性化发展。

第一，多元化课程设置能够满足学生的个性化学习需求。每个学生都有各自的兴趣、特长和学习风格，通过提供多样化的学科和主题，学生可以根据自己的兴趣和发展方向选择适合自己的学习内容。例如，对于对艺术感兴趣的学生，

可以在布艺课程中融入绘画、音乐、戏剧等学习元素；对于对科学和技术感兴趣的学生，可以在布艺课程中融入科学实验、编程设计等学习元素。通过满足学生个性化的学习需求，可以激发他们的学习动力和兴趣，提高学习效果。

第二，多元化课程设置可以培养学生的综合能力和创新思维。通过开设多样化的学科和主题，学生将接触到不同领域的知识和技能。他们可以在跨学科的学习中进行综合思考和创新实践，培养创造力、解决问题的能力和跨学科思维。例如，学生在布艺课程中可以综合运用美术、数学和科学的知识，设计创意产品；在种植实践类课程中可以运用科学和技术的知识，解决实际问题。通过多元化的学习经历，培养出学生全面发展的能力，并使其具备创新与应变能力。

第三，多元化课程设置可以增强学生的自主学习能力。在多元化的学习环境中，学生可以根据个人兴趣和目标选择适合自己的学习内容和学习方式。他们可以通过自主研究、合作探究和项目实践等方式深化学习。学生在自主学习的过程中，需要设定学习目标、制订学习计划、进行自我评价和调整，如此便培养了自主学习的能力、解决问题的能力和自我管理的能力。自主学习的能力将有助于学生在未来的学习和工作中持续成长和发展。

为了拓展多元化的"鑫动"课程，"鑫小"将为学生提供更多元的学习项目和活动，以满足学生多样化的学习需求。种植课程将不仅仅局限于传统的染料植物种植，还会引入更多的花卉、草本植物等更广泛的植物种类，让学生能够在实践中感受到不同植物的生长过程和特点。同时，学校还要通过建设智慧农场，采用自动化设备、传感器和数据分析等技术手段，提高种植的效率和质量。学生可以通过参与智慧农场的建设和管理，了解和运用农业科技，熟悉智慧农业的概念和运作方式。学校通过实际操作和体验，培养学生的数字技术和科技创新的能力，使他们为未来的农业发展做出贡献。布艺课程也将引入更多的材料和技巧，学生将有机会学习和运用各种不同的印染技术。印染技术包括木刻印花、模板印花、丝网印花、蜡染和激光印染等。学生将学习使用不同的工具、原料和色彩，将自己的设计转化为布料上的图案和图像。他们将了解不同印染技术的工艺流程、效果和应用范围。通过实际操作和创作，培养学生的创造力、审美意识和手工技能。学生还将学习不同的扎染技法，如折纸扎染、橡皮筋扎染、结绳扎染等。学校通过扎染的实践，培养学生的观察力、细致性和艺术表达能力。在布艺课程的多元化发展中，还可以引入其他艺术与工艺技巧，如绣花、织物拼贴、线雕等。这些技巧丰富了学生的艺术表达方式和创作思路，拓宽了他们的艺术视野和审美体验。同时，学校还将提供更专业的设备，扩建工作室，为学生提供良好的制作环境和资源支持。教师可以组织实践活动、项目作品展览，以用于学生的作品展示和交流。同时，学校可以邀请专业的布艺艺术家和工艺师作讲座和建立工作坊，为学生提供专业的指导和艺术灵感。

首先，为了实现多元化课程设置，"鑫小"将建立起一支跨学科、具备多领域的知识和技能的教师团队，为学生提供多样化的学习支持。其次，学校将运用现代教育技术，建立在线学习平台、资源库等，提供丰富的学习资源和学习机会，满足学生的个性化学习需求。最后，学校还会引入外部专业人士和机构，开展专业课程和导师计划，为学生提供更广阔的学习领域和深度学习机会。

"鑫动"劳动课程注重学生的个性化发展，通过了解每个学生的兴趣、优势和需求，为他们提供个性化的学习计划和资源。这种个性化的学习方式将激发学生的学习热情和创造力，培养他们的个人特长和才能。

在种植课程中，学生将有机会选择自己感兴趣的植物种类进行种植。他们可以根据自己的喜好选择具有挑战性和创新性的植物品种进行种植和养护。学生可以了解不同植物的特点、生长需求和养护技巧，并根据自己的时间和能力进行管理和护理。这样的个性化学习方式不仅可以满足学生的兴趣需求，还可以让他们在实践中探索并感受到不同植物的生长过程和特点。学生还可以跟踪和记录植物的生长情况，了解植物的生态环境和影响因素，培养对大自然的关注和保护意识。

在布艺课程中，学生可以选择自己喜欢的材料和感兴趣的技巧进行创作。他们可以根据自己的创意进行设计和制作，并结合个人的喜好和风格，打造独一无二的布艺作品。学生可以学习不同的布料和装饰材料，了解它们的特性和应用方式，运用剪裁、缝纫、绣花等技巧进行布艺创作。同时，学生还可以运用不同的印染、扎染和织染等技术，给作品增添更多的想象力和艺术感。这样的个性化学习方式可以激发学生的创造力和审美意识，让他们在布艺创作中展现个人风采和独特的才华。

为了支持学生的个性化学习，教师宜采取多样化的教学策略，根据学生的兴趣和需求，制订个性化的学习计划。个别辅导和小组讨论可以帮助教师更好地了解学生的特点和学习进展，为他们提供针对性的指导和支持。教师可以鼓励学生主动参与课程设计和项目实践，培养他们的自主学习和团队合作能力。此外，教师还可以邀请行业专家和艺术家作讲座和建立工作坊，为学生提供更广阔的学习视野和社会联系，激发他们的创造力和职业发展潜力。个性化学习将激发学生的独特才智和创造力，培养他们的主动学习能力和解决问题的能力。个性化学习有助于培养学生的自信心、创造力、解决问题的能力和团队合作能力，使他们成为有能力和有追求的个体，为社会创造更大的价值。

二、信息化，拓展学习资源和互动方式

随着科技的快速发展，"鑫动"劳动课程将密切关注信息化的趋势，并将其融入课程的教学与实践中。在这个信息化时代，学生将学习和运用现代科技

工具和技术进行创新性的项目研究和实践，培养科技素养和创新思维。通过信息化的引领，学生将更好地适应未来社会的科技发展。

在"鑫动"劳动课程中，信息科技将被广泛地应用于课程的各个环节。在种植课程中，学生可以利用各种农业信息化管理系统，例如气象数据采集分析、土壤监测仪器和农作物追踪系统等，来了解环境条件对植物生长的影响，并进行科学化的农耕管理。通过互联网和移动应用的运用，学生可以获取全球的农业信息、市场动态和最新科研成果，从而更加理性和科学地进行种植实践。此外，学生还可以学习和应用植物生长监控装置、自动灌溉系统和智能化设备，自主设计并建立种植环境的信息化控制系统。通过利用信息化技术，学生将更加高效地管理和控制植物的生长过程，提高农作物的品质和产量，并减少资源的浪费。

在布艺课程中，学生将运用信息化技术来支持和促进创新性的设计和制作。学生可以使用计算机编程和数字绘图板进行布料的图案设计和样式创作。他们可以通过互联网和数字资源库获取各种布料和装饰材料的最新信息和趋势，从而为自己的设计提供灵感和参考。学生还可以学习和应用数控机械设备、激光切割和数字印染技术，实现布料的高精度加工和个性化定制。此外，学生还可以运用电子商务和网络平台，创作自己的布艺品牌和形成自己的销售渠道，将自己的作品推广到更广阔的市场。通过信息化的引领，学生将能够更加灵活和创新地进行布艺设计和制作，展现个性化的艺术创意和品牌价值。

通过信息化的引领，学生将学习和运用各种科技手段，实现种植和布艺过程的智能化和创新化。这将帮助学生培养科技素养和创新思维，提高他们在未来社会中适应和应对科技发展的能力。同时，信息化还将提供更广阔的合作和交流平台，促进学生之间的跨学科合作和资源共享。通过信息化的支持和引领，"鑫动"劳动课程将成为学生全面发展和实现个人梦想的重要途径。

此外，信息化还将提供更广阔的合作和交流平台，促进学生之间的跨学科合作和资源共享。学生可以通过互联网和社交媒体，与国内外的同行学生和专业人士进行交流和合作，共同解决问题、分享创新成果，并参与各种线上和线下的展览和比赛。这种跨学科合作和交流将拓宽学生的学习视野，培养他们的团队合作和跨文化沟通能力。

三、走出去，整合专业力量拓展学习领域

为了提供真实的实践机会和更深入的学习体验，"鑫动"课程将积极寻求专家的指导和手工艺人的参与，并与企业、社区、高校等合作，整合专业力量。这样的合作将为学生提供宝贵的机会，使他们参与实际项目，深入了解各领域的专业知识和技能，并将所学知识应用于实际情境中。通过走出去的实践，学生将能够更好地理解行业现状和需求，培养解决实际问题的能力，并为未来的职业规划打下坚实基础。

学校可以与企业进行合作，并邀请相关行业的专业人士和企业代表来学校作讲座和建立工作坊，与学生分享行业动态、实践经验和创新理念。这样的合作将使学生能够与行业内的专家进行互动和交流，获得实用的指导和建议，了解行业的最新发展趋势，并开拓职业发展的可能性。

此外，学校还可以与社区和传统手工艺人进行合作，开展实地考察和合作项目。学生可以到手工艺传承基地或社区工作室，与手工艺人一起学习和实践传统工艺技术，了解其背后的文化和历史传承。学生也可以参与社区艺术活动或公益项目，与社区居民合作完成一些具有艺术与实用性的作品，如共同打造社区花坛或组织手工艺品展销会。通过与手工艺人的互动和社区合作项目，学生将能够深入了解手工艺的价值和技术，培养自己的艺术修养和合作能力。

通过积极寻求专家的指导和手工艺人的参与，学生将得到更丰富的实践和

学习经历，同时也将深入体验劳动的乐趣和价值。专家和手工艺人将与学生分享他们的职业经验和技能，与学生一起交流和讨论，激发学生对不同职业的兴趣和热情。最重要的是，通过与专家和手工艺人的合作，学生会发现劳动不仅仅是一项技能，它还涵盖了文化传承、个人成长、社会责任等方面。他们会体会到不同劳动形式对社会的贡献，理解劳动与社会发展的密切关系。

四、扬特色，塑造学校品牌课程

为了进一步提升"鑫动"劳动课程的影响力和可持续发展能力，学校将着重于扬其独特特色，塑造学校品牌课程，并积极开展校际交流合作和区域推广。

（一）形成鲜明特色

学校将进一步加强对"鑫动"劳动课程的定位和特色打造。通过不断探索创新，优化课程设置，注重学生实践与体验，培养学生的实际动手能力和创造力，为每个学生提供丰富多样的劳动教育体验。为了进一步巩固"鑫动"劳动课程的品牌地位，我们将加强对课程的定位和特色的打造。通过不断的探索创新和优化课程设置，我们致力于为每个学生提供丰富多样的劳动教育体验。

首先，我们将注重学生实践与体验的教学模式。我们将提供大量的实践机会，让学生亲身参与各种劳动活动。通过实践，学生将能够锻炼实际动手能力，培养解决实际问题的能力。我们将组织学生参与社区服务、实习实训等活动，让他们能够亲自体验到劳动的意义和价值。

其次，我们将强调培养学生的创造力和创新精神。我们将注重培养学生的想象力和创造思维，通过培养学生的创新能力，帮助他们解决复杂的问题并提出新的解决方案。我们将组织创新设计比赛、创业实践等活动，以激发学生的创新意识和创业精神。

最后，我们将注重课程的个性化和差异化。我们将根据学生的兴趣和特长，提供多样化的课程选项和活动。无论是布艺、种植还是葫芦探究等领域，我们将为学生提供丰富多样的课程内容，让他们能够选择适合自己的课程，发展自己的特长和兴趣。

（二）建立校际交流合作平台

"鑫小"将积极与其他学校展开校际交流与合作。通过组织交流研讨会、教师培训等活动，"鑫小"将分享其在"鑫动"劳动课程方面的经验和成果，并借鉴其他学校的实践经验，以提升劳动教育水平。

学校将组织交流研讨会，邀请来自不同学校的教师和专家参加。这样的研讨会将提供一个平台，让教师们分享他们在劳动教育中的实践经验、教学方法和资源整合等方面的成果。教师们可以通过互相交流、相互启发，从中获得新的教学思路和灵感。学校还积极组织教师培训交流活动，通过邀请优秀学校的教师和专家来学校作培训讲座和建立工作坊，分享他们的理念、策略和实践经验。这将为学校的教师提供一个学习的机会，拓宽他们的专业视野，提升他们的教学水平。

此外，学校还积极参与区域性的教育交流活动。学校将与当地的教育主管部门、教育协会和其他学校合作，共同举办劳动教育研讨会、展览和比赛等活动。这将为学校的教师和学生提供一个展示和交流的平台，促进不同学校之间的互学互鉴，推动劳动教育的共同进步。

2020年12月28日，"布上青花"小学印染实践促学校欣然生长——游府西街联盟小班化课堂教学主题教研展示活动在南京市鑫园小学举行。王舒老师和陈璐老师分别给大家带来了公开课《染花布》（见图7-1）和《适合纹样》（见图7-2），展示了她们在印染实践方面的优秀教学案例。这些案例不仅激发了学生的创造力和动手能力，还培养了他们对传统文化的尊重和热爱。其他学校的教师们通过观摩和交流,对这些教学案例进行了借鉴和思考,丰富了自己的教学内容和教学方法。随后,毛秋月老师的讲座"'布上青花'小学印染实践促学校欣然生长"(见图 7-3)更是为大家提供了一个全面了解该实践项目的机会。毛老师在讲座中分享了该项目的目标、背景、实施过程和取得的成果,为其他学校提供了一个成功案例和经验参考。

图 7-1 王舒老师执教《染花布》

图 7-2 陈璐老师执教《适合纹样》

图 7-3 毛秋月老师带来《"布上青花" 小学印染实践促学校欣然生长》的讲座

2023 年 7 月 22 日，昆山市锦溪中心小学代表团到"鑫小"进行参观交流，为校际的交流合作搭建了更加紧密的桥梁。谭玲娣校长带领大家参观了学校的"鑫动"布艺馆和"XIN 动农场"。教师们通过参观，深入了解了"鑫小"在劳动教育和创新教育方面的独特经验和做法，对学校的教育模式和课程设置产生了浓厚的兴趣。参观过程中，谭校长还邀请大家亲身体验了扎染丝巾的制作环节（见图 7-4），进一步加深了教师们对扎染和布艺教育的理解。此外，双方还签订了《友好共建协议》（见图 7-5）。这样的合作关系必将为双方学校带来更多的成果和机遇。

图 7-4 昆山锦溪中心小学教师团队体验扎染技艺

图 7-5 谭玲娣校长与昆山市锦溪中心小学沈梦怡校长签订《友好共建协议》

(三) 展开区域推广

为了更好地推动劳动教育的发展,学校将着力扩大"鑫动"劳动课程在区域范围内的影响力。我们将与教育主管部门、社区组织和企业等各方合作,共同努力,为更多的学生提供优质的实践机会和学习体验。首先,学校将与教育主管部门密切合作。通过与教育主管部门的沟通和协调,学校将争取政策支持和资源优势,为"鑫动"劳动课程的推广提供有力保障。学校可以与教育主管部门联合举办劳动教育研讨会、教师培训等活动,共同制定与劳动教育相关的政策和指导内容,推进课程改革和创新。其次,学校将与社区组织合作,拓展劳动教育的社区资源。学校可以与社区组织合作,共同策划和组织与劳动教育相关的实践活动,如社区花坛的布艺装饰、社区小菜园的种植和养护等。这样的合作将为学生提供更多的实践机会,培养他们的社会责任感和集体意识。最后,学校还将积极寻求与企业合作,开展劳动教育的实践项目。学校可以与当地的布艺工坊、纺织企业、农场等进行合作,为学生提供参观和实习的机会。

通过与各方的合作和努力,我们相信"鑫动"劳动课程将逐渐扩大其影响力,为更多的学生提供优质的实践机会和学习体验。我们将致力于培养学生的实际动手能力和创造力，促进学生的全面发展，并为区域劳动教育的繁荣做出贡献。

（四）提升课程影响力

为了提升"鑫动"劳动课程的影响力，"鑫小"将加强宣传和推广工作，通过多种方式向社会传递课程的价值和成果。

首先，学校将积极组织优秀学生布艺作品展示活动。定期举办布艺作品展览，向社会展示学生们在"鑫动"劳动课程中所创作的精美作品。通过展览活动，学校可以吸引更多的学生和家长关注劳动教育，并为他们提供参与课程的动力和兴趣。

2022年6月11日至12日，"鑫小"应文化和旅游局的邀请参加了秦淮区2022年文化和自然遗产日练摊活动（见图7-6）。"鑫小"的师生们将独具特色的扎染技艺和文创作品带到现场与大家分享、互动，受到了老百姓的喜爱。"鑫小"的师生们一直用实际行动传承中华传统文化，让更多的人感受非遗的魅力。

其次，学校将举办劳动教育主题活动。例如，学校可以组织劳动技能交流展示活动，邀请专家学者和行业人士作讲座和做示范，让学生们了解行业的发展动态和前沿技术，激发他们对劳动技能的兴趣和热情，让学生们有机会展示自己在劳动技能方面的才华和成果。这样的活动将为学生提供一个实践和展示的平台，拓宽他们的视野，增强他们的自信心。

2023年5月8日，南京市美术学科"小布头、大文化乐享非遗助力欣然生长"教学观摩研训活动在南京市鑫园小学顺利举行。南京市优秀美术教师集聚一堂，首先在学生讲解员的讲解下参观了"鑫动"布艺馆，体验了敲印植物文创制作（见图7-7），随后在大操场观摩了由全校学生带来的"扎染棒旗操"（见图7-8）。学生们在操场上挥舞着扎染棒旗，展现出别样的风采。随后的课堂教学更是精彩纷呈（见图7-9）！

第七章 "鑫动"课程的未来展望,让每一颗"鑫星"都闪亮

图 7-6 "鑫小"师生参加秦淮区 2022 年文化和自然遗产日练摊活动

遇见布艺,"鑫动"生花 南京市鑫园小学劳动教育的特色实践

图 7-7 老师们在小讲解员的带领下体验敲印植物布艺文创制作

图 7-8 学生们在操场上表演"扎染棒旗操"

图 7-9 "小布头、大文化乐享非遗助力欣然生长"教学观摩研训活动的课堂环节

此外,学校还鼓励学生参加各类劳动技能比赛和学术交流活动。通过参加比赛,学生们可以与其他学校的学生进行交流和竞争,展示自己在劳动方面的

独特技能和创造力。学校可以组织学生参加区域性和全国性的比赛，并提供必要的培训和指导，为学生竞技取得更好的成绩搭建平台。

通过以上的努力，学校将不断提升"鑫动"劳动课程的影响力。学校将加强对外宣传，与社区、媒体等合作，积极推广劳动教育的理念和成果。通过展示学生们的优秀作品和竞赛、学术交流等活动，学校将加强劳动教育的品牌形象宣传，提高社会对劳动教育的认知度和支持度。这将为学生提供更广阔的发展空间，为社会培养更多有劳动精神和实践能力的人才。同时，学校也将通过这些活动来吸引更多的优秀教师和资源，进一步提升课程的质量和影响力，为劳动教育事业的推广与发展做出积极贡献。